Gertrud Braune

Mit Kindern unterwegs

Auf der Schwäbischen Alb

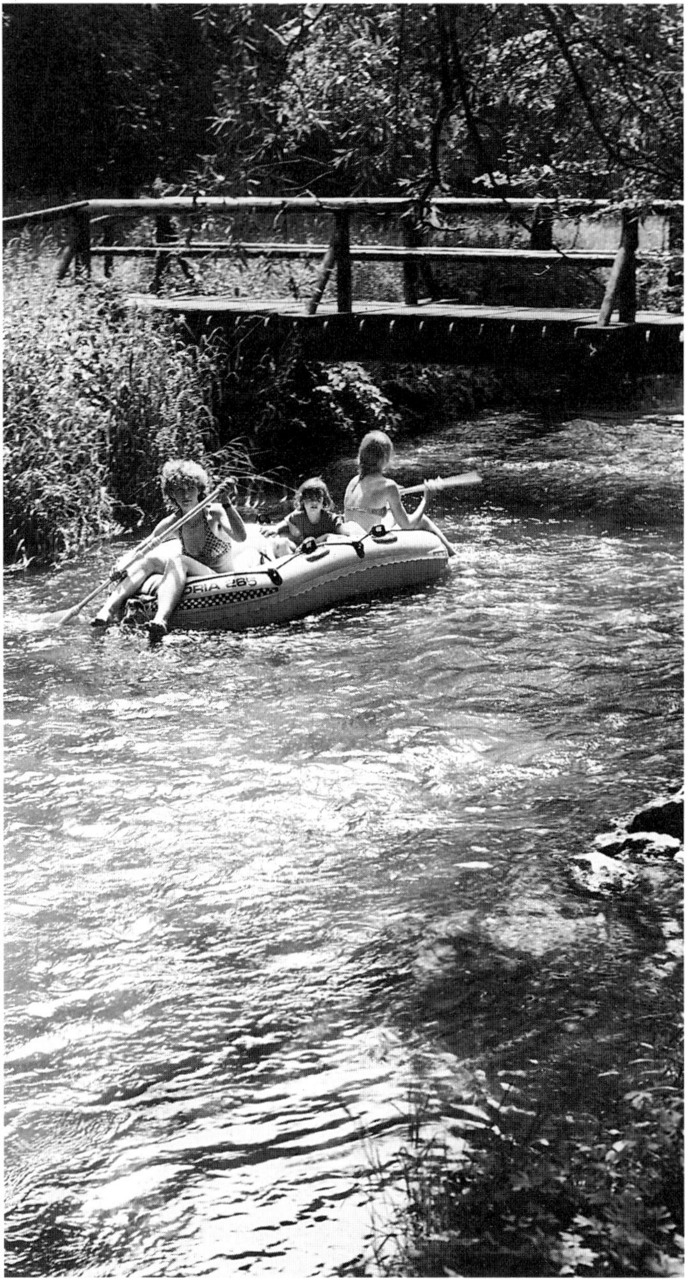
ORIA 285

Gertrud Braune

Mit Kindern unterwegs

Auf der Schwäbischen Alb

Zu Höhlen, Ruinen, Spielplätzen und Seen

Fleischhauer & Spohn

Bild gegenüber Titelseite: Bootsfahrt auf der Großen Lauter

Bildnachweis: A. Haselmeier, Sigmaringen (S. 87); Bernhard Hildebrand, Aalen (S. 99); Förderverein Ruine Hornstein e.V., Sigmaringen-Laiz (S. 116); alle übrigen Aufnahmen stammen von Eberhard Braune.

Die Kartenskizze auf der Umschlagrückseite wurde von Edmund Kühnel, Reutlingen, angefertigt.

Umschlaggestaltung und Layout: Rainer Wittner, Goethestraße 101, 67435 Neustadt

© 1987 by Fleischhauer & Spohn Verlag, 74321 Bietigheim-Bissingen
5. Auflage 1997

Gesamtherstellung: Laub GmbH & Co., 74834 Elztal-Dallau
ISBN 3-87230-549-2

Geleitwort zur 5. Auflage

Das Wandern erfreut sich nach wie vor großer Beliebtheit. Es ist erholsam und gesund und es gibt kaum eine bessere Freizeitbetätigung, als das gemeinsame Erlebnis beim Wandern in der Familie. Es muß nur gelingen, die Kinder dafür zu gewinnen.

Eine hervorragende Möglichkeit, Kinder für das Wandern, zu Fuß oder mit dem Fahrrad, zu begeistern, ist das Erlebniswandern. Dazu benötigt man aber Anregungen und Hinweise, die leider häufig in den herkömmlichen Wanderführern fehlen. Das bewährte Buch von Frau Gertrud Braune gibt hier, aktualisiert und erweitert, Führern von Wandergruppen und Familien mit Kindern die erforderlichen Hinweise zur kurzweiligen und gleichzeitig spielerischen, informativen Gestaltung von Wanderungen auf der Schwäbischen Alb. Dieses heimische Mittelgebirge bietet ja einmalig schöne, vielseitige und bequem zu erreichende Wandermöglichkeiten und gerade junge Familien mit Kindern nützen dies wieder mehr und mehr.

Als Präsident des Schwäbischen Albvereins, dem größten anerkannten Naturschutzverband unseres Landes, ist es mir aber auch besonders wichtig, daß die jungen Wanderer lernen, auf Landschaft und Natur Rücksicht zu nehmen. Der verantwortungsbewußte Wanderer prüft, ob er sein Ziel nicht mit öffentlichen Verkehrsmitteln erreichen kann, bleibt auf den Wegen und nimmt seinen Abfall zur Entsorgung wieder mit nach Hause. Der Schwäbische Albverein, dem es ein besonderes Anliegen ist, junge Leute noch mehr für das Wandern zu gewinnen und der sich besonders auch dem Familienwandern widmet, begrüßt die Neuauflage und wünscht ihr eine weite Verbreitung und viele zufriedene Nutzer.

Stuttgart, im August 1997

Peter Stoll
Präsident des Schwäbischen Albvereins e. V., Stuttgart

Die Schwäbische Alb – für Kinder voller Abenteuer

„Aber ja nichts Gefährliches!" mahnte der Verlagschef besorgt, als er von „Abenteuern" auf der Alb hörte. Manche Mütter könnten gar nicht mit ansehen, wenn die Kinder so dicht an die Felskanten herantreten, wenn sie klettern und in alle Löcher und Höhlen kriechen wollen. Aber gerade das wollen die.

Deshalb sollen die Eltern nicht ängstlich verbieten, sondern lieber mitmachen. Unter Führung von Erwachsenen und mit der nötigen Umsicht passiert auf der Alb auch nicht mehr, als überall passieren könnte. Auf eigene Gefahr ist man immer unterwegs.

Bei den hier beschriebenen Ausflugszielen entscheiden die Eltern selbst, wohin sie mit ihren Kindern gehen wollen und gehen können. Für jedes Alter und jedes Bedürfnis ist etwas dabei: Spielplätze, Feuerstellen, Badeseen, Quellen, Wildparks, Museen, Burgen, Ruinen, Vulkane, Höhlen, Höllenlöcher, Erzgruben und mögliche Fundstellen für Versteinerungen. Tips für den gelungenen Ausflug auf die Schwäbische Alb stehen am Schluß des Buches.

Noch eine Bitte: Falls Sie eine Veränderung an den beschriebenen Zielen und Strecken bemerken, seien Sie so nett und schreiben Sie uns. Schon morgen können Spielplätze demoliert, Bauwerke abgebrochen, Öffnungszeiten geändert sein. Vielen Dank für Ihr Verständnis.

Ein „Dankeschön" auch unseren bekannten und unbekannten Fotomodellen. Was wären Spielplätze ohne Kinder!

Können Sie Karten lesen? Die Wegbeschreibungen sind zwar sehr genau, aber mit den angegebenen Kartenempfehlungen fühlen Sie sich sicherer, haben mehr Überblick und können weitere Ziele in der Nähe ansteuern.

Den Blautopf kennt jeder 1

Aber wer kennt die Eiszeitjäger in Blaubeuren?

Der **Blautopf** ist wirklich ein Naturwunder – aber noch lange nicht alles, was Blaubeuren bietet! Bei der Anfahrt kann man Wetten abschließen, ob er wirklich blau sein wird, schon deshalb, damit es keine Enttäuschung gibt. Vielleicht ist der Himmel grau und trübe? Doch das macht nichts. Denn nicht das Himmelblau spiegelt die herrliche Farbe wider. Es ist die Lichtbrechung im klaren Wasser. Eine Enttäuschung gäbe es nur dann, wenn es viel geregnet hat und diese stark strömende Karstquelle durch Schwemmstoffe getrübt sein sollte.

Wie schön, wenn der Blautopf wirklich blau ist. Aber mit dem Staunen sind Kinder bald fertig. Und was dann? Spaß macht ein Gang durch die alte Hammerschmiede (Eintritt). Da drinnen stehen fast echte Menschen und täuschen Arbeit vor. Das Mühlrad draußen läßt die klopfenden Hämmer auf und nieder sausen und zeigt, wie Energie aus Wasserkraft gewonnen wird.

Danach geht's erst einmal ins **Kloster**. Unter dem alten Tor ist eine Gedenkminute für den schwäbischen Dichter und Rebellen Schubart fällig. Als dieser im Jahr 1777 durch das Tor ging, ahnte er nicht, daß er in eine Falle gelockt wurde. Polizeispitzel des Herzogs Karl Eugen hatten ihn aus der Freien Reichsstadt Ulm nach Blaubeuren auf württembergischen Boden zu einer geheimen Besprechung eingeladen. Da konnten sie ihn festnehmen und auf den Hohen Asperg bringen.

Ob Kinder den berühmten Blaubeurer Hochaltar sehen möchten? Vielleicht erfreut sie das Heimatmuseum im Badhaus der Mönche noch mehr, zumal sie dort lesen können, daß Waschen und Baden früher als höchst schädlich und unschicklich galt. Nur zweimal im Jahr wurde den Mönchen ein Bad gestattet.

Ein Bummel durch die Altstadt führt dann zum **Urgeschichtlichen Museum** in der „Karlstraße Nr. 21", das ist die Hauptstraße zum Bahnhof. Gleich hinter der Kirche, im letzten Flügel des Spitals, winkt ein Mammut als Aushängeschild. Von außen sieht das Museum bescheiden aus. Innen kriegt man schnell mit, daß sich allein deshalb der Ausflug nach Blaubeuren lohnt. Die Leute vom Urgeschichtlichen Institut der Universität Tübingen haben bei Grabungen in den Höhlen rund um Blaubeuren viel gefunden und dieses Museum, zusammen mit der Stadt Blaubeuren, eingerichtet. Einige Steinzeitmenschen stehen lebensgroß da mit der Kleidung von damals, mit ihren Geräten und Werkzeugen, die sie sich selber angefertigt haben. In Schaukästen sieht man ganze Sippen vor ihren Höhlen. Filme gibt es auch. Wir erfahren, wo und wie die Eiszeitjäger lebten, welchen Tieren sie nachjagten und wie sie es anstellten, mit so großer Beute wie Mammut und Bär fertig zu werden. Auch Kunstwerke haben sie hinterlassen: Figuren, Zeichnungen, Schnitzereien. So einfältig, wie die Urmenschen auf uns wirken, waren sie gar nicht.

1 Den Blautopf kennt jeder

Das Schönste für den Nachwuchs ab sieben: Die Kindersonntage. Sie finden im Sommerhalbjahr etwa einmal im Monat statt. Dazu muß man sich im Museum sehr früh anmelden und auch einen Unkostenbeitrag zahlen. Zu „Aktionstagen" dürfen nach Anmeldung ganze Schulklassen oder eine Kindergeburtstagsrunde anrücken. Unter sachkundiger Anleitung dürfen die Kinder mit Steinwerkzeugen arbeiten, Riemen schneiden, Sehnen zu Nähgarn drehen, mit der Knochennadel Felle zusammenheften und durch Reibung ein Feuer in Gang bringen. Sie flechten und weben, stellen Ketten aus Muscheln und Schnecken her, versuchen sich in Höhlenmalerei, fertigen einfachste Klanginstrumente an, mit denen sich die „Eiszeitband" hören läßt. Das ist aber längst nicht alles, was sie spielend über das Leben der ersten Menschen lernen. Wenn sie aus dem Museum wieder herauskommen, gibt es kein Halten mehr: Wo ist die nächste Steinzeitjägerhöhle? – Das folgende Kapitel empfiehlt: Nichts wie hin!

Wie die ersten Menschen: Mit dem Steinmesser Felle schneiden

Öffnungszeiten:

Dienstags bis freitags von 10.00 bis 16.00 Uhr, samstags und sonntags von 10.00 bis 17.00 Uhr geöffnet (montags geschlossen). Von November bis Ende März ist das Museum nur sonntags von 10.00 bis 17.00 Uhr und für Gruppen auf Voranmeldung auch werktags geöffnet. Einen kleinen „Führer" des Höhlenrundwegs zur Brillenhöhle, zum Geißenklösterle und zur „Großen Grotte" unterhalb des Rusenschlosses darf man mitnehmen. Und nicht zu vergessen: auch den Schlüssel zur Brillenhöhle! Nach schlechten Erfahrungen ist sie verschlossen. Im Museum aber gibt's den Schlüssel gegen Kaution, denn man soll ihn selbstverständlich wiederbringen.

Jeweils am 1. Mai ist Erlebniswandertag. Möchte mal jemand in einer Höhle schlafen?

Im September wird am Geißenklösterle oder auch am Hohlen Felsen (beides siehe 2) ein Tag der offenen Höhle – „Steinzeit zum Anfassen" – abgehalten. Wissenschaftler erklären die Ausgrabungen und ihre Ergebnisse. Unten auf der Wiese dürfen die Kinder wetteifern im Stockbrotbacken, Knochenwerfen, Speerwerfen – und ein bißchen Ausgräber spielen und dabei etwas finden – darf man auch. Das Jahresprogramm des Museums (anfordern!) bietet tolle Angebote für Kinder, Familien, Schulklassen, Erwachsene. Bitte rechtzeitig anmelden! Tel. 0 73 44/92 10 30.

Heimatmuseum-Badhaus:
1. April bis 31. Oktober
dienstags bis freitags 10.00 bis 16.00 Uhr
samstags und sonntags 10.00 bis 17.00 Uhr
(montags geschlossen)
Tel. 0 73 44/92 10 26

Wie kommt man nach Blaubeuren?

Die B 28 führt über die Alb nach Blaubeuren. Von der A 8 kann man in Merklingen herausfahren. Parkplätze in Blaubeuren („Stadtmitte") sind angezeigt.

Kartenempfehlungen:

1 : 50 000   Landesvermessungsamt Baden-Württemberg Blatt F 19
             Ulm – Blaubeuren
1 : 50 000   RV 11481 Blaubeurer Alb, Ulmer Alb

2 Wo die Steinzeitmenschen lebten

Wohnhöhlen im „Felsenlabyrinth"

Vom Urgeschichtlichen Museum in Blaubeuren aus läßt sich die *Brillenhöhle* schnell auch zu Fuß erreichen. Zu ihr gehen wir noch ein Stück die „Karlstraße" in Richtung Bahnhof abwärts und biegen rechts in die „Schillerstraße" ein. Bei der nächsten Querstraße sieht man rechts den „Reichlensbergweg" als Fußsteig aufwärtsziehen. Weiter oben geht es den „Matthäus-Hipp-Weg" hinauf. Am Ende heißt es „Privatweg. Durchfahrt verboten". Aber dort hängt das Mammutzeichen, Wegweiser für einen Höhlenrundwanderweg, der zunächst zur Brillenhöhle führt. (Haben wir auch den Schlüssel?)

Es geht also leicht abwärts und rechts weiter am Hang (*Hauptwanderweg 2 des Schwäbischen Albvereins*). Wenn sich der Weg teilt, bleibt man oben. Ist der breitere Weg zur Günzelburg erreicht, steigt man weiter an zum Felsenlabyrinth. So heißt diese Gruppe von gewaltigen Massenkalkfelsen, die durch Schwammkolonien aufgebaut wurden. Sie sind mit Nischen und Höhlen durchsetzt.

Beim zweiten Klotz führen einige Stufen in die Höhe. Hier geht es im Zickzack steil hinauf zur **Brillenhöhle**. Warum sie so heißt? Sie hat in der Decke zwei runde Löcher. Ob das Dach auch schon vor 20 000 Jahren kaputt war? Eigentlich praktisch für einen Unterschlupf der Eiszeitjäger. Es regnete zwar herein, aber der Rauch konnte abziehen. Die Menschen damals hatten sich in einer Ecke noch eine Steinhütte extra gebaut, um es wärmer und trockener zu haben. Eine Mauer davon wurde bei den Ausgrabungen gefunden. Im Museum hängt übrigens ein Bild, wie diese Hütte ausgesehen haben könnte – haben wir darauf geachtet? Sämtliche prähistorischen Funde sind aus der Brillenhöhle längst geborgen. Da ist für uns nichts übriggeblieben. Wer aber Kronkorken sammelt, könnte fündig werden. Die „wilde" Feuerstelle in der Höhle läßt darauf schließen, daß mitunter Neuzeitmenschen in der Höhle gehaust haben.

Will noch jemand die „Küssende Sau" sehen? Der geht wieder hinunter zum Wanderweg und noch ein kurzes Stück aufwärts bis zu einer Naturfelsenbrücke. In der Mitte sieht sie wirklich so aus, als ob ein Wildschwein einen Bären küßt!

Wer in der Umgebung noch mehr Höhlen anschauen will, sollte sich beim Museum gleich ins Auto setzen, zum Bahnhof und rechts herum in Richtung Ehingen fahren. Nach einem knappen Kilometer, gegenüber der Fa. Merckle, liegt rechts so etwas wie ein Parkplatz („Parken auf eigene Gefahr"). Man geht etwa 50 Meter weiter in Fahrtrichtung. Da führen rechts ein paar Stufen auf den Weg (Günzelburg) zur Brillenhöhle.

Ist die Brillenhöhle "abgehakt", geht es mit dem Auto weiter in Richtung Ehingen. Doch schon am Ende des nahen Ortsteils Weiler biegt man bei der Kreuzung links ab (Sackgasse) zur Fa. Prinzing-Betonfor-

Wo die Steinzeitmenschen lebten 2

men. Dahinter muß man links über die Brücke (Mammutzeichen!) und parkt beim Kriegerdenkmal. Zu den Felsen des *Geißenklösterle*

Löcher im Dach der Brillenhöhle

gibt es von hier aus einen Serpentinenpfad, der anfangs kaum erkennbar ist. „Schützt die Pflanzen! Bitte befestigte Wege nicht verlassen" – An diesem Schild (Mammutzeichen) zieht der Pfad empor. Oben auf dem besseren Weg geht es weiter rechts hinauf. Man sieht schon das

2 Wo die Steinzeitmenschen lebten

Höhlentor, geht bei dem im Weg liegenden Stein noch weiter und erreicht einen leichter begehbaren Steig nach oben. Sonst müßte man klettern wie eine Gemse.

Auch ohne seine Bedeutung für die Wissenschaft ist das Geißenklösterle eine Sehenswürdigkeit. Ursprünglich muß es eine große, stark ansteigende Halle im Fels gewesen sein, deren Dach eingestürzt ist. Übriggeblieben sind die Wände und ein merkwürdiges Felsentor. Ein Baum wächst von drinnen krumm und schief aus diesem Höhleneingang heraus.

Ganz oben sind einige offene Höhlungen und die mit Gittern verschlossene Nische, in der die Tübinger Wissenschaftler noch beim Ausgraben sind. Da darf man ehrfürchtig hineinspähen und staunen, wie sorgfältig sie vorgehen. Alles ist eingeteilt in Planquadrate. Mit kleinsten Instrumenten untersuchen sie millimeterweise den Boden. Keiner von uns hätte so viel Geduld.

Klar, daß sich die Steinzeitjäger den höchsten Platz in der Höhle als Wohnküche ausgesucht hatten. Oben ist es immer am wärmsten. Da saßen sie also beim Feuer, bastelten an Waffen und Werkzeugen aus Stein und Knochen, schnitzten vielleicht an einer Figur oder einem Amulett, nagten zwischendurch an einem Rentierripple und ließen alle Abfälle liegen. Gerade das Geißenklösterle hat schon viele altsteinzeitliche Fundstücke und Tierknochen freigegeben.

Ganz nah liegt die nächste *Wohnhöhle im Sirgenstein.* Da fährt man wieder ein Stück weiter durchs Achtal in Richtung Ehingen. Nicht der erste, sondern der zweite Parkplatz nach knapp zwei Kilometern ist unser Haltepunkt. Vorne bei den Hütten führt der nicht bezeichnete Weg aufwärts, erst zum **Sirgensteinkeller**, einer kleinen Höhle. Weiter oben kommt's noch besser! Ein großes, überdachtes Tor – und dahinter öffnet sich eine 42 Meter lange Höhle. Bloß in der Mitte müssen lange Leute mal den Kopf einziehen. Eine Taschenlampe wäre nützlich, obwohl auch diese Höhle zwei Fenster hat. Sie war eine der wichtigsten Fundstätten für die Steinzeitforschung. Auch hier ist für uns kein noch so winziges Knöchelchen vom Höhlenbären oder Splitterchen von der Steinaxt übriggeblieben. Der Phantasie sind allerdings keine Grenzen gesetzt, wie unsere Vorfahren in dieser großen Höhle wohl gehaust haben. Eine Zeichnung neben der Höhle ist ganz lustig.

Wer vor der Höhle auf der Bank sitzt, sieht rechts eine Steinplatte. Das soll die Eingangstür gewesen sein. Weil aber auch zehn starke Männer den Stein nicht bewegen können, muß natürlich ein Riese im Sirgenstein gewohnt haben. Das berichtet um 1488 der erste Beschreiber der Sirgensteinhöhle. An den Außenwänden über der Bank sieht man am glatten Schliff, daß hier einmal Wasser herausfloß – direkt in die Donau! Ja, wir sind im Tal der Ur-Donau, die sich später einen anderen Weg gesucht hat.

Wo die Steinzeitmenschen lebten 2

Einen Kilometer entfernt auf der anderen Seite des Achtals liegt der **Hohle Felsen**. Seine Halle hat so riesige Ausmaße, daß ein ganzes Volk darin Platz gefunden haben könnte. Daß auch sie bewohnt war, bestätigen die Grabungsfunde. Wer mit Spannung den „Rulaman" von David Friedrich Weinland gelesen hat, jener schon über hundert Jahre alten „Erzählung aus der Zeit des Höhlenmenschen und Höhlenbären", weiß über den Hohlen Felsen Bescheid. Hier machte die Tulka-Sippe auf ihrer Sommerreise zum Federsee bei den Verwandten Station. Heute haben die Wissenschaftler aus Tübingen eine neue Grabungsstelle in der Höhle abgegrenzt. Aus der letzten Eiszeit wird viel gefunden: Werkzeuge und Knochen. Alljährlich Ende August findet das „Hohle-Felsen-Fest" statt, an dem die Höhle beleuchtet und für jedermann geöffnet ist (Eintritt). Den Termin erfährt man bei den Höhlenführern: Tel. 0 73 94/27 03. Sie nehmen auch Anmeldungen größerer Gruppen entgegen, die zu anderen Zeiten die Höhle besichtigen möchten. Diese macht bei romantischer Beleuchtung einen großartigen Eindruck! Stark ansteigende Wege führen bis unter die Decke.

Zufahrt zum Hohlen Felsen: Beim Gewerbegebiet von Schelklingen zweigt gegenüber ein Fahrweg zum *P Hohler Felsen* ab.

Wie kommt man zu den Wohnhöhlen im Achtal?

Von Blaubeuren fährt man in Richtung Ehingen (B 492) zu den im Text beschriebenen Parkplätzen.

Kartenempfehlungen:

1 : 50 000 Landesvermessungsamt Baden-Württemberg Blatt F 19
    Ulm – Blaubeuren
1 : 50 000 RV 11481 Blaubeurer Alb, Ulmer Alb

3 Wer saß hinterm Heidengraben?

Spurensuche am Burrenhof

Weil unsere Vorfahren sich nicht erklären konnten, von wem die riesige Befestigungsanlage hinter dem Hohenneuffen stammt, sagten sie einfach: von den Heiden. Das stimmt sogar, wie die Forscher herausgefunden haben. Im ersten Jahrhundert vor Christi Geburt kamen die Kelten auf diese Berghalbinsel und haben dort das größte keltische Siedlungszentrum im süddeutschen Raum angelegt. In dieser Stammeshauptstadt wurden Münzen geprägt, Märkte und politische Versammlungen abgehalten.

Wie günstig gerade jener Platz hinter dem Hohenneuffen war, ist leicht auf einer Landkarte mit Höhenlinien zu erkennen. Die schwer überwindbaren Steilhänge der Alb gaben ringsum natürlichen Schutz. Nur die ebenen Zugänge von der Alb her wurden durch Graben und Wall abgeriegelt. Der Graben lag immer auf der Feindseite, da mußte man erst mal durch! Der Wall war mehrere Meter hoch und wurde mit Holz, Steinen und Pfosten verstärkt. Südlich von Grabenstetten führt die Straße mitten durch den Heidengraben. Nördlich von Erkenbrechtsweiler ist ein Stück des Walls mitsamt einem Tor wieder aufgebaut worden. An beiden Stellen gibt es Parkplätze, Hinweistafeln und jede Menge Sonntagsspaziergänger.

Wer auf Schleichwegen weniger bekannte Teile des **Heidengrabens** entdecken möchte, fängt dieses Unternehmen anders an. Die Spurensucher fahren durch Neuffen und die Steige nach Grabenstetten hinauf. Kaum sind sie oben in Richtung Grabenstetten abgebogen, kommen sie schon durch den Wall. Dahinter liegt links ein Parkplatz mit einer Feuerstelle im Grünen. Dabei steht eine lehrreiche Tafel über den Heidegraben. Die Großen sollten sie den Kleinen laut vorlesen. Hier kann die Expedition losgehen. Der erste Eindruck ist der beste. Es geht gleich hinauf auf den baumbestandenen Wall und tatsächlich über Stock und Stein bis zur Bergkante. Hier endet die Befestigung, weil ja der Steilhang sie unnötig machte. Zurück geht es durch den Graben. So deutlich wie auf diesem kurzen Stück lassen sich Wall und Graben nicht überall erkennen!

Jetzt überschreiten wir die Straße, wo am Wall das Zeichen des *Heidengraben-Rundwanderweges* lockt: ein *Männchen*, Abbild eines Radnabenbolzens aus keltischer Zeit. Neben dem hier grünen Wall kommt man ganz schnell zum besterhaltenen Zangentor der Anlage, das hinter dem „Gasthaus Burrenhof" liegt. Burren sind Hügel, in diesem Fall Grabhügel, die hier oben zahlreich gefunden wurden. Am Tor F – die Bezeichnung mit Buchstaben stammt vom Erforscher des Heidengrabens Friedrich Hertlein – sieht man genau, wie die Kelten den Zugang zur Hülbener Berghalbinsel sicherten: Zwei Schenkel des Walls springen zurück, zwischen denen Angreifer in die Zange genommen und von mehreren Seiten bekämpft werden

14

Wer saß hinterm Heidengraben? 3

Schleichweg auf dem Heidengraben

konnten. Früher versperrte noch ein Torbau den Zugang. Auf einer Tafel sieht man alles ganz genau.

Jenseits vom Zangentor F fängt das Heidengrabenabenteuer erst so richtig an. Der sehr steinige und schwierig begehbare Wall – mit dem Graben rechts – zieht weiter bis zum Steilabfall des Kaltentals, und wir immer obenauf! Oder auch daneben? Wo der Wald anfängt, muß man links ausweichen. Es geht durch eine kleine Senke. Auf gleicher Höhe läuft drüben die Fußspur weiter, bald an alten Grenzsteinen entlang. Der Wall hat längst aufgehört, denn rechts gähnt der Abgrund ins Kaltental!

Der Bergkante folgend geht es links herum. Nach 200 Metern ist unten auf dem Kaltentalweg eine rot-weiße Schranke zu sehen. Da müssen die Spurensucher – ganz gleich wie – hinunter. Unten stehen sie vor dem **Hügel-Fels**, wo sich der Forstmann „v. Hügel 1864" verewigt hat. Den markierten Wanderweg nach Bad Urach lassen wir rechts liegen. Unser kühner Pfad zieht hinter dem mannshohen Stein am Hügelfels entlang und schließlich durch ein Trockental aufwärts. Wer in dieser Wildnis das Schild mit dem Radnabenmännchen entdeckt, hat eine Prämie verdient!

Voraus sieht man einen steilen Hang. Ehrensache, daß die Kinder dort hinaufklettern und oben nach links weiterpirschen zum Tor A der hier beginnenden „Elsachstadt". So hat der Forscher Hertlein das Op-

3 Wer saß hinterm Heidengraben?

pidum der Kelten genannt. Oppidum heißt Stadt. Sie war innerhalb des befestigten Großraums mit einem zweiten Wall gesichert. Am Tor A sind ebenfalls noch Zangen zu sehen.

Wir spazieren auf dem Wall weiter und bemerken die Spuren doppelter Gräben jetzt auf der linken Seite, denn die Stadt lag rechts! Sie erstreckte sich bis zum Lauereckfelsen über dem Kaltental. - Am *Parkplatz Seelenau* haben wir das eindrucksvollste Stück des Heidengrabens schon erforscht und gehen, weil's so schön war, auf dem gleichen Weg zurück. Insgesamt sind das fünf Kilometer.

Dann bleibt sicher noch so viel Zeit, daß die Heidengrabenforscher mit dem Auto zum rekonstruierten Tor G nördlich von Erkenbrechtsweiler fahren können. Dort dürfen sie aber nicht an der verkehrten Stelle suchen! Sie fahren durch Erkenbrechtsweiler in Richtung Nürtingen. Hinter dem Ort liegt rechts ein Parkplatz. An seinem Ende stehen Hinweisschilder. Doch das Tor G liegt nicht an dem vom Parkplatz ausgehenden Wanderweg zur „Baßgeige". Jener Wall, den man hier so deutlich sieht, stammt aus dem Mittelalter. Zum richtigen Heidengraben muß man etwa 150 Meter rechts abwärts wandern. Unten, vor dem Waldsaum, sieht man das wiederaufgebaute Tor mitsamt einem Stück noch erhaltener Keltenstraße. Bildtafeln erklären alles ganz genau. Auch der Hauptwanderweg 1 des Schwäbischen Albvereins führt am Ortsende von Erkenbrechtsweiler gleich rechts durch dieses Tor.

Wie kommt man zum Heidengraben?

Man fährt über Neuffen in Richtung Grabenstetten bis zum angegebenen Parkplatz.

Kartenempfehlungen:

1 : 50 000 Landesvermessungsamt Baden-Württemberg Blatt F 18 Reutlingen – Bad Urach
1 : 50 000 RV 11482 Mittlere Alb, Münsinger Alb

In den Kasematten schmachten 4

Mit dem ganzen Troß zur Festung Hohenneuffen

Der Aufstieg zur größten Burgruine der Schwäbischen Alb, dem Hohenneuffen, ist vom Parkplatz aus keine große Anstrengung. Das schaffen auch kleine Leute, selbst wenn sie öfter fragen: „Ist es noch weit?" Sobald sie etwas Neues sehen, wird die Zeit nicht lang. Bereits der Weg durch den Wald läßt erkennen, wie schmal der Grat ist, über den allein die Burg zu erreichen war. Sie wurde schon um 1100 gebaut und später zur großen Landesfestung erweitert. Im 30jährigen Krieg wurde der Hohenneuffen 14 Monate lang belagert und schließlich dem Feind übergeben. Erst 1801 wurde die Festung „geschleift". Zum Glück nicht allzu gründlich!

Nach kurzem Anmarsch führt eine Brücke mit gemauertem Geländer schon über den ersten Graben. Ob da mal eine Zugbrücke aufgezogen wurde? Dann tauchen bald die ersten, himmelhohen Mauern auf. Der Weg führt in ein dunkles Loch. Da geht's durch einen langen Tunnel. Kinder dürfen rechts durch's kleine Törle schlüpfen und drinnen die Großen erschrecken.

Kaum ist die finstere Auffahrt überwunden, steht rechts schon die **Ludwigsbastei**. Aus den noch erhaltenen Fenstern darf man nach Feinden ausspähen. Dahinter geht es ziemlich steil aufwärts. Mit Reitpferden war das früher recht bequem. Aber wie kamen die schwerbeladenen Wagen hinauf? Und wie jetzt Vater mit dem Kinderwagen? Oben zieht der ganze Troß durch's **Schwarze Tor** und muß nun auf sämtliche Schilder achten. Überall steht dran, was die Gebäudeteile einmal waren.

Die oberen Kasematten sind begehbar. Da kommt man durch einen dunklen Gang und lauter Kammern. Die letzte Kammer liegt besonders tief. Wer geschickt hinuntergesprungen ist, muß sich wieder hochziehen lassen, wenn die Beine noch zu kurz sind.

Ob in den besonders sicher gebauten Kasematten auch Gefangene geschmachtet haben? Weiter oben steht noch ein Arrestantenturm mit lauter Nischen. Aber der hat sicher nicht ausgereicht in jenen Zeiten, als der Hohenneuffen auch als Staatsgefängnis diente. Der später hingerichtete Landtagsführer Konrad Breuning saß hier (1517) auf Befehl des ziemlich grausamen Herzogs Ulrich ein und wurde mit glühenden Zangen gefoltert. Gefangener von Karl Alexander war sein Finanzminister Süß-Oppenheimer (1737). Oh ja, die Mauern könnten viel erzählen!

Im Burghof, dem mittelalterlichen Kern der Anlage, wird heute unter Linden getafelt. Ein schöner Platz zum Einkehren. Die Wirtschaft war früher das Kommandantenhaus. Eine Zisterne steht noch da. Weitere Schilder besagen, daß es hier oben das Zeughaus, Ställe und die notwendige Schmiede gegeben hat.

4 In den Kasematten schmachten

Beim Hohenneuffen starten Drachenflieger

Wer beim schönen Wappen hinaufsteigt zum Oberen Wall und noch höher hinaufklettert bis zur obersten Plattform, sieht weit ins Land und zurück auf den schmalen Grat, über den wir gekommen sind. Vielleicht kann man auch Drachensegler in ihrem Gleitflug beobachten. Denn nicht weit vom Hohenneuffen befinden sich zwei kleine Felsen, von denen aus die Drachenflieger starten. Zu ihnen ist es vom Parkplatz gar nicht weit. Wenn wir von der Burg zurückkommen, führt schon vor dem Parkplatz der Randweg nach Hülben-Bad Urach (*rotes Dreieck*) rechts ab und in knapp 10 Minuten zu einem großen Wetzplatz mit Feuerstellen. Der Drachenstartplatz liegt kurz dahinter am Albtrauf. Auf der anderen Seite des Parkplatzes kommt man am Waldrand (*Nordrandweg, rotes Dreieck*) zum **Wilhelmsfelsen** mit der großartigen Aussicht zum Hohenneuffen. Dahinter ragt die Absprungrampe der Drachenflieger ins Nichts. Sie könnten direkt unten in den blauen Becken des Thermalbads Beuren landen.

In den Kasematten schmachten 4

Öffnungszeiten:

Burgruine täglich geöffnet
Burggaststätte: montags und dienstags Ruhetage
Vom 1. Mai bis 30. September
mittwochs bis samstags von 9.00 bis 22.00 Uhr
sonntags von 9.00 bis 19.00 Uhr
Kiosk durchgehend geöffnet von 9.00 bis 17.00 Uhr
Winterhalbjahr: mittwochs bis sonntags von 9.00 bis 18.00 Uhr

Änderungen sind möglich. Tel. 0 70 25/22 06

Besondere Tips:

Wie der Hohenneuffen unzerstört ausgesehen hat, zeigt ein großes Modell im neuen **Stadtmuseum Neuffen**. Dort sind Funde aus der Umgebung der Burgruine ausgestellt. Kindern wird ein Glaskasten gefallen, in dem sich die Tulka-Sippe vor ihrer Höhle tummelt – genau so, wie es im „Rulaman" beschrieben ist. Da hockt die alte Parre samt ihrem Raben. Rulaman spielt mit seinem gezähmten Wolf. Andere Tulkaleute schaben Felle, behauen Steinwerkzeuge, rösten Fleisch am Feuer. Das Stadtmuseum in Neuffen wurde im restaurierten Schillingschen Haus (von 1360) untergebracht und ist im Sommerhalbjahr an jedem dritten Sonntag im Monat von 11.00 bis 17.00 Uhr geöffnet.

Übrigens, das **„Sofazügle"**, eine richtige alte Dampfeisenbahn, fährt im Sommer (Mai bis Oktober) an jedem dritten Sonntag im Monat und am 3. Advent (anläßlich des Weihnachtsmarktes) von Nürtingen nach Neuffen. Von dort läßt sich die Festung Hohenneuffen zu Fuß in einer starken Stunde erobern. Den Fahrplan teilt mit: GES (Gesellschaft zur Erhaltung von Schienenfahrzeugen e.V.) Telefon 0 70 25/23 00, Telefax 0 70 25/78 73. Hier läßt sich auch erfahren, wann mal von Neuffen ein Pendelbus zum Freilichtmuseum Beuren fährt.

Im Anschluß an die Wanderung zum Hohenneuffen bietet sich ein Besuch des **Freilichtmuseums Beuren** an. In den wiederaufgebauten alten Bauernhäusern – mitsamt Scheuern, Saustall, Backhaus und Tante-Emma-Laden – können Kinder und Erwachsene erfahren, wie die Menschen früher lebten. Im Jahresprogramm werden „Mitmach-Aktionen" angeboten. Dabei dürfen die Kinder etwa backen, Vogelscheuchen bauen oder alte Spiele spielen. Dazu sollte man sich aber anmelden: Freilichtmuseum Beuren, Info-Telefon 07 11/39 02-23 07 im Landratsamt Esslingen. Dort kann man auch das Jahresprogramm anfordern. Geöffnet ist das Museumsdorf an Ostern, spätestens ab 1. April, bis Ende Oktober täglich von 9.00 bis 18.00 Uhr (Eintritt) Kassenschluß 17.00 Uhr. Montags ist Ruhetag.

4 In den Kasematten schmachten

Im Freilichtmuseum Beuren gefällt es auch den Kindern!

Kartenempfehlungen:

1 : 50 000 Landesvermessungsamt Baden-Württemberg Blatt F18 Reutlingen – Bad Urach
1 : 50 000 RV 11482 Mittlere Alb, Münsinger Alb und RV 11477 Schönbuch, Schurwald

Mit dem Heppenloch fing alles an

Die „wildesten" unter den Schauhöhlen

Uns passiert es sicher nicht, daß wir eine noch unbekannte Höhle auf der Alb entdecken. Das aber brachten vor rund 100 Jahren ein paar Studenten aus Stuttgart fertig. Sie kamen zu Fuß über die Alb und wollten in Gutenberg den Pfarrer Gußmann besuchen. Der war ein begeisterter Altertumskundler und interessierte sich für Höhlen, weil er hoffte, darin die Spuren eiszeitlicher Tiere und Menschen zu finden.

Sie waren gerade beim Abstieg nach Gutenberg – da goß es in Strömen, und sie stellten sich im Heppenloch unter, einer seit alter Zeit bekannten Felsnische. Vor lauter Langeweile beschauten sie sich die hintere Wand genauer und stellten fest: Das ist gar kein Felsen, sondern ein Kalksintervorhang, abgesetzt aus jenem Kalk also, der die Tropfsteine wachsen läßt. Messerscharf schlossen sie daraus, daß es hinter der Wand mit der Höhle weitergehen müßte. Dieser Meinung war auch Pfarrer Gußmann, als er von der Entdeckung hörte. In ihrer Begeisterung gründeten die Höhlenforscher noch am gleichen Abend – es war der 27. August 1889 – in Gutenberg den „Schwäbischen Höhlenverein". Seine erste Aufgabe war, das Heppenloch zu erforschen.

Der Verein bestand nur 20 Jahre lang, dann ging ihm das Geld aus. Aber in dieser kurzen Zeit wurden viele Höhlen erkundet und wertvolle Funde gemacht. Hinter dem Heppenloch wurde tatsächlich eine 180 Meter lange Höhle mit engen Gängen und vier großen Hallen gefunden. In einer 15 Meter dicken Lehmschicht, die den Zugang verstopft hatte, kamen Knochen von Bären, Löwen, Wildpferden, Wisenten, Nashörnern und Wölfen zum Vorschein – und als besondere Rarität: der Kieferknochen eines Affen. Kaum zu glauben, daß es diese Tiere auf der Alb einmal gegeben hat.

Die so entdeckte Gutenberger Höhle wurde bald zur Schauhöhle, wo die wenigen Besucher anfangs mit Fackeln, später mit Taschenlampen und heute bei elektrischer Beleuchtung hineingeführt werden. Aber alles ist bescheiden und wildromantisch geblieben in diesem Felsental, das sich in Nord-Süd-Richtung nach Gutenberg hinunterzieht. Im oberen Teil gibt es noch weitere Höhlen. Man muß sich, oben vom Parkplatz kommend, die zerlöcherten Schwammkalke einmal genauer ansehen! Beim Abstieg liegt gleich rechts im hintersten Winkel das „Wolfsloch".

Beim Wegweiser zu den Höhlen wird man zuerst zur **Gutenberger Höhle** auf einem schmalen Saumpfad unter merkwürdigen Felsgebilden nach links wandern. Schon die Vorhalle, das alte Heppenloch, ist sehenswert!

Von der Gutenberger Höhle geht es zurück zur **Gußmannshöhle** auf der anderen Talseite. Sie wurde etwas später als die Gutenberger Höhle entdeckt und ausgegraben. Der Eingang ist jetzt mit Balken abgestützt, die Tür mit einem festen Schloß gesichert. Diese Spaltenhöh

5 Mit dem Heppenloch fing alles an

Klettern vor der Gußmannshöhle

le ist nur kurz, enthält aber ganz herrliche Tropfsteinbildungen in den hohen Schächten. Auch sie wird elektrisch beleuchtet.

Oberhalb der Gußmannshöhle liegt die 33 Meter lange, offene **Krebssteinhöhle**. Wer wie ein Affe klettern kann, klimmt links vom Eingang der Gußmannshöhle etwa zehn Meter aufwärts und steht vor dem leicht begehbaren Loch.

> *Wie kommt man zu den Gutenberger Höhlen?*

Von der A 8 geht es bei der Ausfahrt Kirchheim ins Lenninger Tal (B 465). In Gutenberg zeigt ein geschnitzter Wegweiser zu den „Gutenberger Höhlen 20 Min." aufwärts durchs Tiefental. Auf diesem Fußweg kommt man zuerst zur Gußmannshöhle. Zum oberen Parkplatz „Gutenberger Höhlen" fährt man (B 465) weiter aufwärts nach Schopfloch und am Ortsende links in Richtung Krebsstein. Nach einem Kilometer liegt in der Kehre der Parkplatz. Der kurze Zugang zu den Höhlen ist beschildert.

Öffnungszeiten:

Samstags von 13.00 bis 17.00 Uhr, sonn- und feiertags von 10.00 bis 17.00 Uhr.

Höhlenführungen finden statt (Wanderwetter vorausgesetzt): samstags von 13.00 bis 17.00 Uhr
sonn- und feiertags von 10.00 bis 17.00 Uhr
unter der Woche nach Voranmeldung bei der Ortsverwaltung Gutenberg, Tel. 0 70 26/78 22

Kartenempfehlungen:

1 : 50 000 Landesvermessungsamt Baden-Württemberg Blatt F 18
                Reutlingen – Bad Urach
1 : 50 000 RV 11482 Mittlere Alb, Münsinger Alb

6 Riesen hat es nie gegeben

Die Heuneburg und ihre Fürstengräber

Im Lexikon gibt es keine „Heunen", aber eine Heuneburg. Und zwar die an der Donau bei Hundersingen. Also muß sie etwas ganz Besonderes gewesen sein. Heunen sind im alten Sprachgebrauch Riesen. Nur denen haben unsere Vorfahren zugetraut, so eine gewaltige Volksburg aufzubauen, die rund 150 Jahre lang auch keltischer Fürstensitz war: in ihrer Blütezeit eine rundherum schwerbefestigte Stadt auf einem Hügel, zu der innerhalb und außerhalb der Mauern mindestens 10 000 Menschen gehörten. Gezählt hat sie natürlich keiner, aber nach all dem, was von ihnen ausgegraben wurde, müssen es mindestens so viele gewesen sein, sonst hätten sie auch kaum die gewaltigen Bauarbeiten zur Sicherung der Stadt ausführen können.

Das zu wissen reizt die Neugier, wenn wir uns der **Heuneburg** nähern. Sollen wir die noch sichtbare einstige Stiege hinaufkraxeln – oder den bequemen Zugang durch das Tor benutzen? Wer voller Ungeduld hinaufgesprungen ist, bekommt oben als erster die Enttäuschung mit. Da ist nichts mehr zu sehen als ein Stück Brachland. Früher beackerte die Domäne Talhof diesen historischen Platz. Das schien dann aber doch zu wenig würdig. Jetzt stehen immerhin schon Tafeln am Rand, die mit Text und Skizzen über die ehemalige Heuneburg auf diesem künstlich abgeflachten Hügel berichten. Und es ist auch daran gedacht, mit Teilrekonstruktionen die Besucher zu erfreuen. Dann kann nicht mehr gewitzelt werden: „Im Tal der oberen Donau bei Hundersingen befindet sich die einzige bedeutende Sehenswürdigkeit Europas, bei der es absolut nichts zu sehen gibt".

Ja, es ist alles wieder zugeschüttet worden, was die Wissenschaftler in jahrzehntelanger Arbeit aufgegraben haben: Schicht um Schicht der verschiedenen Siedlungsperioden, und alle gaben Geheimnisse preis. Seit etwa 1600 vor Christi Geburt wohnten schon Menschen auf diesem Hügel, deren Leben sich mit der fortschreitenden Zivilisation veränderte. Sie bauten nach mehrfachen Zerstörungen immer wieder neue und bessere Befestigungen: Palisadenzäune, Holzkastenmauern, Steinsockel- und Lehmziegelmauern. Auch ihre Häuser, Werkzeuge und Geräte, ihre Wirtschaft und Ernährung wurden besser und vielseitiger. Die Blütezeit kam mit den Kelten vor rund 2 500 Jahren. Sie bauten die Heuneburg am Schnittpunkt wichtiger Fernstraßen zum Handelszentrum aus. Gefunden wurden Scherben von Amphoren, griechischen und etruskischen Vasen, sogar Bernsteinschmuck aus dem Norden.

Im **Heuneburgmuseum** in Hundersingen erzählen die Fundstücke und Grabungsergebnisse sowohl aus der Heuneburg wie aus den Grabhügeln in unmittelbarer Nähe anschaulich von jener Zeit. In mehreren Stockwerken der einstigen Zehntscheuer sind Waffen wie Schwerter, Dolche, Lanzen und Speerspitzen zu bestaunen, Schmuckstücke aus

Riesen hat es nie gegeben 6

Bronze und Eisen, Gold und Edelsteinen. Sehr schöne Keramikgefäße stehen neben den Geräten fürs tägliche Leben. Eine Tonbildschau gibt noch mehr Informationen, und ein Modell der Heuneburg als Diorama ist auch aufgebaut. Sie steht da wie im hellsten Sonnenschein. Erst mit diesem Bild im Kopf sollten die Kinder zur Heuneburg aufbrechen.

Im Museum liegt ein kleiner Plan für den **Archäologischen Wanderweg** zur Heuneburg und den Fürstengräbern. In der Umgebung wimmelt es nämlich nur so von Grabhügeln. Sie zu entdecken und auch zu besteigen ist ein Erlebnis. Gleich wenn man vom Museum links um die Ecke biegt, sieht man schon den ersten, den *Lehenbühl*. Auf dem zweiten kurz dahinter hatte sich ein mittelalterlicher Ritter eine kleine Burg gebaut, weil ihm der Hügel als passender Untersatz erschien. Von der Leiche im Keller hat er wahrscheinlich gar nichts gewußt.

Hinter dieser Baumburg geht es scharf links herum am Zaun entlang und nach einigen hundert Metern auf Ackerwegen rechts zur Domäne Talhof, die schon von weitem sichtbar ist. Gut markiert ist der Archäologische Wanderweg mit der *Maske des obersten Keltenfürsten*. Dieser „König Segomar" führt sicher zur Heuneburg – 250 Meter nach dem Talhof rechts. Dann zum Parkplatz Heuneburg und nur ein kleines Stück die Straße weiter. Dann zieht der Weg an zwei Grabhügeln im Wald entlang, kommt wieder zur Straße und umrundet drüben zwei weitere Hügel. An Wegweisern und Erklärungstafeln mangelt es nicht. Man hat viel zu studieren und zu staunen. König Segomar und die Markierung *blaue Raute* führen nun durch den schattigen Wald, links über einen Bach zur Wiedhaumhütte (Rastplatz samt Grill). Dann kommt man bald zum **Hohmichele**, dem größten dieser Grabhügel, nicht nur um Hundersingen sondern in ganz Europa. Hier wurde jener Keltenfürst begraben, der um 600 vor Christus eine Dynastie auf der Heuneburg gründete. Leider war seine Grabkammer schon ausgeraubt, als man sie 1936 öffnete. Es gab im Hohmichele aber noch weitere Gräber, die wertvolle Beigaben enthielten.

Zum Hohmichele kann man mit fußmüden Kindern auch fahren. In diesem Fall wählt man von der Heuneburg den „Donauweg" zur Rückkehr nach Hundersingen. Unterhalb des Talhofs führt er zum Fluß hinunter. Vom Museum weg lenkt man dann das Auto aufs Sträßchen in Richtung *Heiligkreuztal* (*blaue Raute*). Zwei Kilometer sind es bis zum Wald. Noch 600 Meter auf der Straße, dann führt die blaue Raute nach rechts direkt zum Hohmichele, der sich wie ein grüner Kegel im Wald erhebt. Ganz in der Nähe liegen weitere Grabhügel und eine keltische Viereckschanze. Ausschwärmen und suchen!

25

6 Riesen hat es nie gegeben

Wie kommt man nach Hundersingen?

Über Riedlingen an der Donau (B 312) und weiter über Herbertingen (B 311) fährt man nach Hundersingen. Das Heuneburgmuseum in der ehemaligen Zehntscheuer des Klosters Heiligkreuztal liegt ganz oben, an der Straße nach Binzwangen.

Öffnungszeiten:

Heuneburgmuseum:
1. April bis 31. Oktober
dienstags bis samstags 13.00 bis 16.30 Uhr
sonn- und feiertags 10.00 bis 12.00 Uhr und 13.00 bis 17.00 Uhr
montags geschlossen
Im Juli und August zusätzlich auch vormittags geöffnet. (Eintritt).
Auskunft, Anmeldung für Gruppen: Tel. 0 75 86/16 79

Kartenempfehlungen:

1 : 50 000 Landesvermessungsamt Baden-Württemberg Blatt F 20
            Sigmaringen – Ehingen
1 : 50 000 RV11480 Naturpark Obere Donau

Für Leute mit dem Höhlentick 7

Erste Mutprobe am Heimenstein

Wenn Forscher früher weiße Flecke auf dem Globus suchten, so treibt Höhlenbegeisterte heute etwas Ähnliches: unter Tage eine noch unbekannte Welt betreten zu können. Bei diesem Traum stört eine weggeworfene Bierdose schon empfindlich, denn wir wollten uns doch gerade einbilden, die ersten Menschen an diesem Fleck zu sein. Erst in zweiter Linie wohl sind es die vielfältigen Erscheinungsformen einer Höhle im Karst, ihr „Profil", die Klüfte, Tropfsteine und andere Sinterbildungen, welche Laien fesseln und zu Höhlenerkundungen verlocken.

Daß ihnen die Stiefel im Höhlenlehm steckenbleiben könnten, erscheint noch harmlos. Daß sie mitunter völlig verdreckt wieder herauskommen, regt verständige Mütter nicht auf. Stolpern und womöglich gerade in eine Wasserpfütze hineinfallen ist ebenfalls möglich und nicht unbedingt tragisch. Hüten muß man sich davor, den Kopf anzuschlagen. Man darf also nicht nur auf den Boden, sondern muß auch zur Decke schauen, ob sie sich senkt – und möglichst einen Kopfschutz tragen.

Selbst wenn man sich über die vielen wilden Höhlen im „Höhlenführer Schwäbische Alb" (Hans Binder/ Konrad Theiß Verlag) eingehend informiert hat, kann sich beim „Befahren" der einen oder anderen herausstellen, daß sie für den Laien um einige Nummern zu groß ist. Wird es unheimlich oder schwierig, soll man umkehren und nichts riskieren! Schachthöhlen bleiben tabu. Hier klettern nur erfahrene, gutausgerüstete Höhlenforscher am Seil hinab.

Eine hübsche kleine Höhle liegt am **Heimenstein** auf der Schopflocher Alb. Hier hat es bei vielen mit dem Höhlentick angefangen. Schon Gustav Schwab war im ersten Albführer 1823 von diesem Erlebnis entzückt: „Man lasse sich durch die kleine, aber ganz gefahrlose Mühseligkeit nicht abschrecken, sondern zünde getrost die Lichter an, verwahre sich, besonders die Frauen, gegen den Grufthauch der Höhle und dringe, unter dem Vortritt des Führers, die Augen vorsichtig nach unten und oben gerichtet, vorwärts." Nach seiner weiteren Beschreibung muß man sich „durch das Eingeweide des Felsens" hindurchdrücken und wird dann vom Ausblick auf die Ruine Reußenstein „von einem Vorsprung an der senkrechten Wand, wo einige Bäume wohltätig vor Schwindel bewahren", belohnt. Uff! So schlimm ist es jedoch gar nicht.

Erst geht es ein kurzes Stück abwärts und rechts um die Ecke. Da wird es „kuhnacht", also stockfinster, und ohne Taschenlampe geben die meisten auf. Dabei müßten sie sich nur zwei Schritte links um den Felsen herumtasten und sich dabei tief bücken – dann sehen sie bereits das Tageslicht wieder. Sie kommen in einen glattgeschliffenen hohen Gang, der vor Millionen Jahren vom Druck fließenden Wassers ausge-

7 Für Leute mit dem Höhlentick

Höhlen können gar nicht eng genug sein! (Gußmannshöhle, siehe 5)

Für Leute mit dem Höhlentick 7

formt wurde. Es handelt sich also um die Quellhöhle eines Baches. Der Blick durch den Druckstollen auf die *Ruine Reußenstein* ist zauberhaft.

Die Höhlenbefahrer kommen möglicherweise nur bis zu einem Gitter, etwa zehn Meter vor dem „Ausgang" an der Steilwand. So ist das Schild am Höhleneingang zu deuten. Danach bleibt das Gitter am „Höhlenausgang in der Brutzeit vom 1. Januar bis 31. Juli geschlossen".

Über dieser Höhle soll also der Riese Heim gehaust haben. Er sah die schönen Häuser drunten in Neidlingen und wollte auch so ein Steinhaus besitzen. Die Handwerker kamen, weil sie wußten, der Riese würde gut bezahlen. Als die Burg Reußenstein fertig war, fehlte am oberen Fensterladen noch ein Bolzen. Keiner traute sich hinauf. Nur ein Geselle sagte: „Ich mach's!" Da lachte der Riese, setzte ihn auf seine Hand und hob ihn hinauf, so daß er bequem den Bolzen einschlagen konnte. Dann wurden alle fürstlich belohnt. Der mutige Geselle bekam am meisten und die Tochter des Meisters zur Frau. Diese Sage erzählt Gustav Schwab in Versen.

Wie kommt man zum Heimenstein?

Von der A 8, Ausfahrt Kirchheim, geht es weiter in Richtung Lenningen (B 465). Aber schon nach einem Kilometer biegt man links in Richtung Weilheim und hinter Nabern nach Ochsenwang und Schopfloch ab. Vor Schopfloch führt ein Sträßchen nach links („Wiesensteig, Neidlingen, Reußenstein, Parkplätze"). Knapp drei Kilometer weiter liegt der Parkplatz „Bahnhöfle". Zu Fuß geht es auf dem breiten Waldweg (Nr. 5, rote Raute, rotes Dreieck) weiter. Nach 600 Metern zweigt halbrechts der Randweg mit dem roten Dreieck „Randecker Maar, Ochsenwang über Heimenstein" ab. In zehn Minuten ist der 763 Meter hohe Heimenstein erreicht. Der Höhleneingang ist deutlich zu sehen.

Zur Ruine Reußenstein fährt man vom Parkplatz „Bahnhöfle" aus schnell hinüber oder geht beim Grillplatz auf dem breiten Hangweg (blaues Dreieck) die halbe Stunde zu Fuß.

Kartenempfehlungen:

1 : 50 000 Landesvermessungsamt Baden-Württemberg Blatt F 18
 Reutlingen – Bad Urach
1 : 50 000 RV 11482 Mittlere Alb, Münsinger Alb

8 Packt die Badehosen ein!

Erholungsseen auf der Schwäbischen Alb

Auch das Gummiboot und die Luftmatratze müssen mit, denn das Herumpaddeln auf dem Wasser macht am meisten Spaß. Manche der Stauseen bleiben nämlich auch im Sommer kühl. Flossen? Warum nicht. Nur die Tauchermaske wird nicht viel nützen, denn das Wasser ist „naturtrüb". Bei schönem Wetter jedoch kann man sich an den Ufern fühlen wie am „Teutonengrill" der Adria. Wasser zieht eben Badelustige in Scharen an.

Die **Erholungsanlage Lauchertsee** bei Mägerkingen bietet Tausenden Platz. Nur das Parken wird bei großem Andrang schwierig. Baden und Bootfahren ohne Motor geschah bisher „auf eigene Gefahr". Nach einem Badeunfall im sehr kalten Wasser hat man kurzerhand ein Schild aufgestellt: „Baden und Bootfahren verboten" und sich damit aller Verantwortung enthoben. Ohnehin wächst der sehr flache See immer mehr zu, obwohl einmal im Jahr „gemäht" wird. Das Baden wäre also kein Vergnügen, aber die Liegewiesen rings um den rund zwei Hektar großen See sind weiträumig und gut gepflegt. Manche Leute bringen Gartenschirme mit, da Schattenplätze bei den noch wachsenden Bäumen rar sind. Tische und Bänke stehen im Gelände, ebenso eine moderne Grillanlage.

Freizeitkapitäne auf dem Lauchertsee

Packt die Badehosen ein! 8

Auf dem großen Spielplatz vergnügen sich die Kinder an Schaukeln, Rundlauf, Wippe und Wachttürmen. Am Kiosk gibt es Eis, Getränke, Pommes und andere Magenfüller. Am Kiosk befinden sich auch die Toiletten.

Zufahrt:

Kurz hinter Mägerkingen in Richtung Gammertingen (B 313) ist die Erholungsanlage „Lauchertsee" angezeigt. Es geht nach rechts und wieder rechts zu den Parkplätzen hinunter. Zugang zum See durch die Straßenunterführung.

Kartenempfehlung:

1 : 50 000 RV 11482 Mittlere Alb, Münsinger Alb

Im **Erholungsgebiet Wiesazseen** hinter Gönningen liegen übereinander einige kleine Seen auf den Terrassen eines ehemaligen Tuffsteinbruchs. Durch Wasserfälle sind sie miteinander verbunden. Nach dem Willen der Planer sollten die Seen nur die Landschaft verschönern, ökologische Ruhezonen für Pflanzen und Tiere sein. Doch wo ein See lächelt, lädt er auch zum Bade. Obwohl inzwischen auch am unteren See ein Schild aufgestellt wurde: „Kein Badegewässer!", wird lustig gebadet, vielfach oben und unten „ohne". Denn ein Badeverbot gibt es schließlich nicht. Die Nackten lagern meist am oberen See, der Schutzgebiet sein sollte. Es gibt keinerlei Zweckbauten, auch keine sanitären Einrichtungen.

Zufahrt:

Über Reutlingen, Gönningen und weiter in Richtung Genkingen. Wenige Kilometer hinter Gönningen liegt rechts der Parkplatz.

Kartenempfehlung:

1 : 50 000 RV 11482 Mittlere Alb, Münsinger Alb

Der Stausee in Schömberg ist ein großes Rückhaltebecken des Nekkarzuflusses Schlichem. Es wurde großzügig als Erholungsgebiet ausgebaut, mit aufgeschüttetem „Strand", Liegewiesen, Sitzplätzen, Baumgruppen und grünen Ufern. Das vom DLRG überwachte Strandbad (mit sanitären Einrichtungen oben beim DLRG-Haus) liegt am unteren Ende des Sees. Aber auch hier geschieht das Baden „auf eigene Gefahr". Die Flachzone für Kinder und Nichtschwimmer

8 Packt die Badehosen ein!

ist doch recht schmal. Eigene Schlauchboote können eingesetzt, Ruderboote, Tretboote und solche mit Elektromotor gemietet werden. Der See erreicht im Sommer angenehme Temperaturen. Der Weg rund um den See ist auch für Radfahrer frei. Beim Zufluß der Schlichem gibt es eine Brücke.

Eine Runde auf dem Stauseebähnle

Unter den Gasthäusern am See bietet das Hotel „Waldschenke" für Kinder besonders viel. Durch ein hübsches Zwergenland fährt das **Stausee-Bähnle** jeweils drei Runden und nimmt am Bahnhof immer wieder neue Passagiere mit. Es geht durch Tunnels, an einer Burg und an vielen bunten Modellbauten berühmter Fachwerkhäuser aus ganz Württemberg vorüber. Darunter sind auch die Rathäuser von Bad Urach und Markgröningen. Im kleinen Märchengarten laufen Rotkäppchen und der böse Wolf einander nach. Beim Hexenhaus hockt der eingesperrte Hänsel im Stall.

Zufahrt:

Schömberg liegt an der B 27 hinter Balingen. Schon am Ortseingang ist der „Stausee" auf weißem Schild angezeigt. Man fährt links in den Ort und weiter den Schildern „Palmbühl, Kirche, Stausee" und „Waldschenke" nach, schließlich abwärts und direkt über den Staudamm. Kurz dahinter teilt sich die Straße. Rechts herum geht es zur

"Waldschenke", links zum Palmbühl und dem riesigen Parkplatz (800 Meter weiter) gegenüber der Kirche. Man muß über das Bahngleis! Ein Fußweg führt in drei Minuten zum See.

Kartenempfehlungen:

1 : 50 000 Landesvermessungsamt Baden-Württemberg Blatt F 26
            Naturpark Obere Donau
1 : 50 000 RV 11480 Naturpark Obere Donau

Der **Stausee** bei **Oberdigisheim** auf dem Großen Heuberg (Hochwasserrückhaltebecken Kohlstattbrunnenbach) ist etwa 300 Meter breit und 400 Meter lang und hat klares, kühles Wasser. Die Uferzonen sind begrünt, der Einstieg wird über Stufen erleichtert. Es geht gleich ziemlich tief hinein. Baden ist auf eigene Gefahr erlaubt, ebenso das Befahren mit leichten, aufblasbaren Schlauchbooten. Modellboote ohne Verbrennungsmotoren dürfen nur außerhalb der Badesaison eingesetzt werden. Windsurfen ist verboten. Ein schöner Spielplatz mit Seilbahn, Rutschbahn, Wippe, Schaukeln, Klettergerüst und Feuerstelle liegt am oberen Teil. Ein Rundweg führt vom weiter oben angelegten Parkplatz (mit Toiletten) rund um den See.

Zufahrt:

Von Balingen (B 27) aus über den Lochenpaß nach Tieringen oder von Schömberg aus über Ratshausen und Tieringen nach Oberdigisheim. Der Stausee liegt an der Straße nach Obernheim, der Parkplatz weit oberhalb des Sees!

Kartenempfehlungen:

1 : 50 000 Landesvermessungsamt Baden-Württemberg Blatt F 26
            Naturpark Obere Donau
1 : 50 000 RV 11480 Naturpark Obere Donau

Im **Itzelberger See** zwischen Heidenheim und Königsbronn baden manche an der flachen Uferzone, obwohl das Wasser sehr kalt bleibt! Die Brenz entspringt im nahen Königsbronn und erwärmt sich auf ihrem kurzen Weg bis zum einstigen Fischweiher des Zisterzienserklosters Königsbronn kaum. Aber Bootfahren und Surfen ist möglich. Am Ufer gibt es eine Liegewiese, einen Spielplatz mit vielen Geräten, daneben eine Minigolfanlage. Viele Wasservögel sind zu beobachten (geschützte Vogelinsel). Vom Itzelberger See bis nach Königsbronn (siehe 28) ist es nur ein Katzensprung!

8 Packt die Badehosen ein!

Kartenempfehlung:

1 : 50 000 RV 11483 Härtsfeld, Heidenheimer Alb

Der große **Härtsfeldsee** auf der Ostalb ist bei Surfern, Wassersportlern und Anglern sehr beliebt. Gebadet wird vor allem am nördlichen Ufer, doch trüben viele Wasserpflanzen zeitweilig das Vergnügen. Parkplätze gibt es am nördlichen und südlichen Ufer, ebenso einen Kiosk, WC und einen Kinderspielplatz. So manches „Seefest" wird im Sommer gefeiert, und die Vereine sorgen für Bewirtung.

Zufahrt:

Abzweigung von der Straße zwischen Dischingen und Neresheim.

Kartenempfehlung:

1 : 50 000 RV 11483 Härtsfeld, Heidenheimer Alb

Ideal für Kinder: Krauchenwieser See!

Packt die Badehosen ein! 8

Strandbad Krauchenwieser See. Mehrere Seen sind beim Kiesabbau im Ablachtal entstanden. Durch Sandaufschüttung wurde im Krauchenwieser See ein langer Strand geschaffen. Auch Kleinkinder können am seichten Ufer mit Eimerchen und Schippe sandeln. Größere bauen Häfen und Kanäle, springen zwischendurch schnell mal ins Wasser, das im Sommer ziemlich warm wird. 26°C sind schon gemessen worden. Schlauchboote können eingesetzt werden. Nur der Rettungsdienst darf mit Motorkraft fahren!

Im eingezäunten Strandbad, wo es natürlich Eintritt kostet, ist für alles gut gesorgt. Rote Bojen begrenzen den flachen Uferteil für Nichtschwimmer. Die DLRG paßt auf, daß niemand ertrinkt. Es gibt Umkleideräume, Duschen, WC, einen Kiosk, der Imbiß, Getränke und Eis verkauft. Spielgeräte für Kinder sind aufgestellt. Gelagert wird auf sauberem Rasen.

Außerhalb der Badeanstalt müßten die Schwimmer auf eigene Gefahr ins Wasser springen und zusehen, wie sie an den steilen Ufern wieder herauskommen. Segler, Paddler und Surfer werden auf dem Krauchenwieser Badesee nicht geduldet. Sie haben sich zum benachbarten, größeren Gewässer, dem **Zielfinger See**, verzogen und sich dort wie ein riesiger Schwarm bunter Schmetterlinge auf einer Wasserpfütze niedergelassen.

Zufahrt:

Das Strandbad Krauchenwies liegt an der Straße zwischen Sigmaringen und Pfullendorf. Vom Wildpark Josefslust sind es nur noch drei Kilometer bis ins Ablachtal. Links bei der Brücke ein Hinweis: „Strandbad, Kieswerk Steidler". Man fährt also links heraus und unten wieder nach links. Es gibt zwei Parkplätze hintereinander. Das Badevergnügen läßt sich gut mit einem Besuch im Fürstenschloß Sigmaringen und im Wildpark Josefslust verbinden (siehe 25).

Kartenempfehlungen:

1 : 50 000 Landesvermessungsamt Baden-Württemberg Blatt F 26
          Naturpark Obere Donau
1 : 50 000 RV 11480 Naturpark Obere Donau

9 Senkrecht in die Unterwelt

Das gibt's nur einmal: die Laichinger Tiefenhöhle

Manche haben am nächsten Tag einen Muskelkater, weil sie das Treppensteigen nicht gewohnt sind. Denn in den engen Schächten der senkrecht in den Berg hinunterführenden **Laichinger Tiefenhöhle** müssen die Leitern und Stiegen ziemlich steil stehen. Etwa 55 Meter geht es hinunter und ebenso viele Meter wieder hinauf in der einzigen ausgebauten Schachthöhle der Bundesrepublik Deutschland. Die Entstehung von Höhlen und Schächten im Karst lassen sich hier „vor Ort" studieren, ebenso der Aufbau der Schwäbischen Alb.

Vor hundert Jahren hat aber noch kein Mensch geahnt, daß sich hier eine so riesige Schachthöhle im Berg versteckt. Sie wurde nur durch einen Zufall gefunden. Ein armer Familienvater mußte sich und seine acht Kinder mit dem Verkauf von Bau- und Fegesand ernähren. Der lag aber auf der Alb nicht einfach herum, sondern er mußte ihn in Sandgruben zusammenkratzen. Als der Sandgräber Joh. Georg Mack einmal einen sehr großen Haufen Sand beisammen hatte, konnte er ihn nicht ganz auf seinem Handwagen unterbringen. Als er den Rest am nächsten Morgen holen wollte, war er nicht mehr da. Um den gemeinen Dieb zu fassen, häufte er wieder Sand auf und legte sich nachts auf die Lauer. Niemand kam, aber der Sand war trotzdem weg. Da mußte also ein Loch sein! So wurde die Höhle 1892 entdeckt und in langer, mühseliger Arbeit ausgebaut. Sie wird bis heute ständig vom Höhlen- und Heimatverein Laichingen unterhalten.

Vielleicht sind manche zuerst enttäuscht, wenn sie ankommen. Was soll das sein – eine Höhle? Da steht doch bloß ein Haus auf der grünen Wiese, und davor sitzen Leute und trinken Bier! Der Eindruck hinterher ist umso verblüffender. Drinnen liegt rechts die Wirtschaft, links das Höhlenmuseum und in der Mitte die Kasse. Und wo, bitte, geht's zur Höhle? Durch eine schlichte Kellertür. Aber gleich dahinter wird's gruselig. Rechts und links muß man sich am Geländer der steilen Abgänge festhalten. Schauerlich sind die Seitenblicke in abgrundtiefe Klüfte.

Verschnaufpausen gibt es in den Hallen. Gletschermühlen, Strudeltöpfe, Schwammkalke und auch schöne Tropfsteinbildungen sind zu sehen. Hinter dem engen „Blumenkohlgang", der ganz mit Perlsinter ausgefüllt ist, führt eine Brücke durch den senkrechten 100-Meter-Schacht. Da kann man weit hinunter und hinauf schauen. Es geht in der Höhle auch mal wieder hoch und wieder abwärts – eine richtige Kletterpartie. Nach einer knappen Stunde kommt man wieder ans Tageslicht. Gut, daß am Eingang die komischen Gamaschen angeboten werden, sonst wären auch Schuhe, Strümpfe und Hosenbeine dreckig. Alles war drinnen feucht und schmierig – und so schaurig schön! Schaut man sich jetzt erst das Höhlenmuseum an? Der Eintritt kostet nichts. Viel wird geboten: Fledermäuse und anderes Getier bis zu den

Senkrecht in die Unterwelt 9

kleinsten Insekten, die in Höhlen leben; Knochenfunde, seltene Tropfsteinbildungen, die Mineralien der Alb. Wer noch nicht wußte, wie Höhlen entstehen, kann es hier erfahren.

Für kleinere oder sportlich ungewandte Kinder ist diese Höhlenbefahrung nichts. Sie finden ihr Vergnügen auf dem großen Spielplatz neben dem Rasthaus. Im Schatten alter Weidebuchen oder in der Sonne kann man lagern, Ball spielen, viele Spielgeräte ausprobieren und an den Feuerstellen grillen. Alpensicht soll es auch geben. Wetten, daß die Zugspitze (nicht) zu sehen ist?!

Wie kommt man zur Laichinger Tiefenhöhle?

Von der A 8 fährt man in Merklingen hinaus. Im Laichinger Ortszentrum ist die Zufahrt zur Tiefenhöhle (Richtung Sontheim, Blaubeuren) angezeigt. Zur Höhle (Parkplatz) muß man am Ortsende halblinks abbiegen.

Öffnungszeiten:

Die Höhle ist ab Ostern bis Oktober (Ende der Herbstferien) von 9.00 bis 17.00 Uhr täglich geöffnet (Eintritt). An Sonntagen, wenn viel Betrieb ist, werden die Besucher in Gruppen durch die Höhle geführt, Tel. 0 73 33/55 86.

Besonderer Tip:

Dicht bei Laichingen liegt die *Sontheimer Höhle*. Sie anschließend zu besuchen, wäre ein richtiges Kontrastprogramm. Denn die Sontheimer Höhle zieht sich fast eben in den Berg hinein, nachdem man zur riesigen Eingangshalle abgestiegen ist. Bei einer Biegung wird nach 70 Metern die „Temperaturschleuse" durchquert. Dahinter spürt man nichts mehr von der warmen Außenluft. In Höhlen ist es gewöhnlich nur 8 bis 9 Grad warm. Die 223 Meter lange Sontheimer Höhle hat eine riesige Schlußhalle mit schönen Tropfsteinen.

Zufahrt:

Von Sontheim aus (Richtung Blaubeuren) ist der Fahrweg zum Parkplatz beschildert. Bei der Höhle (150 Meter) liegt ein Spiel- und Grillplatz.

Öffnungszeiten:

Die Sontheimer Höhle ist vom 1. Mai bis zum Frost (etwa Ende Oktober) samstags von 14.00 bis 18.00 Uhr, sonntags von 9.00 bis 18.00

9 Senkrecht in die Unterwelt

Uhr (Eintritt) geöffnet. In den Ferien und an halbwegs schönen Tagen werden auch wochentags Gruppenführungen nach Voranmeldung durchgeführt. Anfragen und Gruppenanmeldungen: Bürgermeisteramt Heroldstadt, Tel. 0 73 89/9 09 00.

Kartenempfehlungen:

1 : 50 000 Landesvermessungsamt Baden-Württemberg Blatt F 19 Ulm – Blaubeuren
1 : 50 000 RV 11481 Blaubeurer Alb, Ulmer Alb

Wer fürchtet sich vorm Höllenloch? 10

Im Ermstal wackelt die Wand

Keine Angst, die mächtigen Felswände im **Dettinger Höllenloch** stehen ganz fest, wenn mutige Entdecker durch diese gewaltige Spalte klimmen. Aber die Felsen müssen sich irgendwann einmal in Bewegung gesetzt haben. In Jahrmillionen sind sie unmerklich langsam von der Bergkante seitlich abgerutscht. Dabei hat sich ein tiefer Spalt gebildet. Das läßt sich noch an anderen Stellen auf der Alb beobachten, wohl aber nirgends so gut wie hier.

Ein Seil sollte man mitnehmen. Denn wer bis in den letzten Winkel des Höllenlochs vordringt, findet da keine hilfreiche Leiter mehr, höchstens einen Steigbaum, den andere schon reingeschleppt haben. Natürlich kann man wieder umkehren und vorher mühelos hinausspazieren. Aber welcher Draufgänger läßt ein Hindernis aus? Einer müßte obenstehen und die Kleineren hochhieven. Zu klein aber dürften sie auch wieder nicht sein.

So schnell ist das Höllenloch nicht zu erreichen. Der Anmarsch sowohl von St. Johann auf der Höhe wie von Dettingen im Tal dauert eine knappe Stunde. Es macht sicher mehr Spaß, vom Ermstal aus wie die Gemsen durch den „Erdschliff" hochzuklettern und dabei nach Versteinerungen Ausschau zu halten. Da hat es nämlich mal einen Bergrutsch gegeben, eben weil die Wand zu wacklig war.

Der Parkplatz liegt schon ziemlich hoch am Hang, da können wir uns zuerst den **Calver Bühl** anschauen. Jeder sieht auf den ersten Blick, daß dieser kegelrunde Berg ein Vulkan ist. Klein – aber er hat es in sich. So viel Magneteisen nämlich, daß sich die Kompaßnadel ablenken läßt, wenn man sich mit einem solchen Instrument nähert. Die schwarze Schlotfüllung liegt ja offen da!

Unterhalb der Kuppe wurde ein Rastplatz mit Feuerstelle eingerichtet. Sogar eine Quelle entspringt hier. An diesem „Hauser-Brunnen" vorbei steigen wir dann wieder hoch zum Wanderweg und kommen auf den großen Spielplatz. Da gibt es Schaukeln, Turngeräte, zwei Feuerstellen und am Sonntag viele Leute. Ein mit *blauem Dreieck* markierter Zickzackpfad führt halbrechts aufwärts, immer durch den Erdschliff. Er kommt oben an eine breite Waldstraße, weicht aber gleich wieder rechts davon ab. Wer das übersehen haben sollte, geht einfach immer weiter aufwärts und steht bald unter den gewaltigen Felsen. Es sind Schwammstotzen aus dem einstigen Jurameer, die unter Naturschutz stehen.

Auf dem breiten Fahrweg geht es nach links – und schon gähnt hinter einem schauerlichen Felsentor rechts das Höllenloch. In den ersten Kessel hinunter führt eine nicht sehr bequeme Leiter. Die Beine müssen entsprechend lang sein! Wagemutige Kinder finden links davon einen abfallenden Schlupf und kommen auch ohne Leiter in den Kessel hinab. Auf der anderen Seite führt eine Leiter wieder hinauf in den 120

39

10 Wer fürchtet sich vorm Höllenloch?

Meter langen und über 30 Meter tiefen Spalt, der langsam ansteigt. Oben zieht ein Wanderweg zum *Aussichtspunkt Sonnenfels* quer hindurch. Hier könnte man bequem aussteigen. Die Spalte setzt sich aber noch weiter fort.

Im tiefen Dettinger Höllenloch

Zum Rasten, Spielen und Verweilen findet man in Fortsetzung der Höllenlochspalte schönes Wiesenland unter schattigen Bäumen und sogar eine Feuerstelle. Auch am Einstieg zum Höllenloch, etwas höher gelegen, steht im Wald bei der Uhlandseiche eine Hütte mitsamt ei-

Wer fürchtet sich vorm Höllenloch? 10

nem Feuerplatz. Zurück könnte man auf dem gleichen Pfad (*blaues Dreieck*) absteigen, dann aber auf der breiten Waldstraße gemächlich in Kehren hinunterwandern zum Waldheim der „Naturfreunde" (Öffnungszeiten: samstags 14.00 bis 18.00 Uhr, sonntags 10.00 bis 17.00 Uhr), wo man im Freien sitzen kann und Kinder einen Spielplatz vorfinden. Zum Calver Bühl zieht kurz unterhalb vom Waldheim halblinks ein Weg auch durch den Wald.

Wie kommt man zum Dettinger Höllenloch?

Die B 28 führt von Metzingen jetzt oberhalb von Dettingen nach Bad Urach. Wir aber müssen durch Dettingen hindurch, denn am Ortsende zweigt rechts der „Roßtrieb" – Bahnübergang mit dem Lokomotiven-Warnzeichen – ab! Hier biegen die Autofahrer ein, bleiben bei der Wegteilung rechts und fahren rechts zur Brücke über die Umgehungsstraße. Drüben geht es links zum „Waldheim"; rechts jedoch – ohne jeden Hinweis! – zum Parkplatz am Calver Bühl. Wenn sich der Weg gabelt, muß man links hinauf, vorm Calver Bühl nach rechts und wieder aufwärts bis zur Schranke. Der Parkplatz liegt rechts. Der Weg geradeaus führt zum Spielplatz. Zum Calver Bühl muß man halblinks bei den schönen alten Linden etwas absteigen.

Kartenempfehlungen:

1 : 50 000 Landesvermessungsamt Baden Württemberg Blatt F 18 Reutlingen – Bad Urach
1 : 50 000 RV 11482 Mittlere Alb, Münsinger Alb

11 Von Spalte zu Spalte

Im Gewirr der Uracher Höllenlöcher

Was ist in den Uracher Höllenlöchern anders als im Dettinger Höllenloch? Hier auf der anderen Seite des Ermstals ist genau das gleiche passiert: die Randfelsen sind abgerutscht und haben Spalten gebildet. Einen Bergsturz hat es bereits am Nägelesfelsen gegeben – aber das ist schon nach der letzten Eiszeit passiert.

In manchen Brocken gibt's Versteinerungen (Uracher Höllenlöcher)

Von Spalte zu Spalte 11

Die **Uracher Höllspalten** sind nicht ganz so tief wie das Dettinger Höllenloch, aber dafür sind es so viele, daß man beim Zählen in Schwierigkeiten kommt. Genau genommen sollen es vier große Spalten sein, die in Richtung der Bergkante verlaufen. Sie sind aber unterbrochen und versetzt, so daß der Eindruck eines wahren Labyrinths entsteht. In zwei tiefe, abgeschrankte Schächte schaut man nur mit Grausen hinunter. In den Spalten und Spältchen kann man mit der nötigen Vorsicht und auf eigene Gefahr sportlich den Entdecker spielen. Es liegen auch genug Steine herum, in denen kleine glatte Schnekken zu finden sind!

Ziemlich eben kommt man von Hülben aus in einer halben Stunde zu den Höllenspalten. Der bezeichnete breite Weg führt erst zum Nägelesfelsen. An der Kante geht es nach links zu den Höllenlöchern weiter. Beim kurzen Abstecher zur Aussichtsbank auf dem **Nägelesfelsen** sollten Kinder zuverlässig auf dem schmalen Weg bleiben und sich von der Bank nicht wegrühren! Es geht steil hinunter! Aber nirgends ist der Blick auf die *Ruine Hohenurach* und die *Rutschenfelsen* schöner.

Auf dem Weg vom Nägelesfelsen zu den Höllenlöchern sieht man schon nach 300 Metern die erste, mäßig tiefe Spalte im Wald. Ein Vorgeschmack auf Besseres bietet rechts der Blick in den eingeschrankten Höllenlochschacht. Er soll 50 Meter tief sein. Erst an der Kante fangen die richtigen Höllenspalten an. Da könnte man rechts einigermaßen bequem hintersteigen, die große Spalte und den Zugang zu anderen Spalten erkunden.

Oben auf dem Wanderweg kommt man weiter zum Gewann **Samuelstein**, wo eine Tafel erklärt, daß der ganze Steilhang unter Naturschutz steht und zum **Bannwald Nägelesfelsen** erklärt wurde. Hier ruht jegliche forstwirtschaftliche Nutzung. Die Natur bleibt sich selbst überlassen. Wer einen Abstecher an den Fuß des sehenswerten Bergsturzes Nägelesfels unternehmen möchte, folgt dem Pfad abwärts und biegt später nach rechts.

In ein zweites, abgeschranktes Höllenloch können jene schauen, die oben auf dem Randweg noch weiter in Richtung Mauchental wandern. Hinter dem Loch führt der markierte Serpentinenpfad (*rote Gabel, Kreis mit Nr. 3*) nach Bad Urach und ins Mauchental hinunter.

Allein der Höllenlöcher wegen wird wohl kaum jemand nach **Bad Urach** fahren! Im Sommer lockt das beheizte Höhenfreibad in herrlicher Lage. Zu allen Jahreszeiten schlägt der Badespaß im „Aquadrom" hohe Wellen! (freitags und samstags ab 18.00 Uhr textilfrei!). Das neugestaltete und wesentlich erweiterte Thermalbad ist montags bis donnerstags von 10.00 bis 22.00 Uhr, freitags von 10.00 bis 23.00 Uhr, samstags von 9.00 bis 23.00 Uhr und sonntags und feiertags 9.00 bis 21.00 Uhr geöffnet (Kassenschluß eine Stunde vorher).

Im Stadtkern mit seinen verwinkelten Gassen und schönen Fachwerkhäusern gibt es viel zu sehen: den Marktplatz mit Rathaus und

43

11 Von Spalte zu Spalte

Marktbrunnen; das ehemals von Wasser umgebene Residenzschloß aus dem Jahr 1442. Graf Eberhard im Bart wurde hier geboren und hat im Goldenen Saal Hochzeit gefeiert. Schloßführungen zu jeder vollen Stunde (Mittagspause beachten). Montags Ruhetag.

Die Amanduskirche aus dem 15. Jahrhundert (Eingang durch den Hof des Chorherrenstifts) steht gleich daneben. Unter anderen Sehenswürdigkeiten enthält sie den Betstuhl des Grafen Eberhard, der im Alter sehr fromm geworden ist. Ganz in der Nähe dreht sich das Rad der Klostermühle, in der das neue Stadtmuseum eingerichtet worden ist (montags geschlossen. Dienstags bis samstags von 10.00 bis 12.00 Uhr und von 13.00 bis 17.00 Uhr geöffnet.). Zum rund 500 Jahre alten Stadtpalast „Haus am Gorisbrunnen" ist es ganz nah.

Zur **Ruine Hohenurach** hinaufzusteigen, macht Kindern großen Spaß. Von den alten Gemäuern steht noch recht viel, obwohl die Festung ab 1765 für lange Zeit als Steinbruch geplündert wurde. Da läßt sich noch viel auskundschaften in den unterirdischen Verliesen und den noch erkennbaren Räumen. Schaurig ist ein Gang durch die düsteren Wachstuben gleich beim Eingang. Durch die Wandschlitze konnte man auf mögliche Angreifer schießen.

Wie kommt man zu den Uracher Höllenlöchern?

Von Bad Urach aus (B 28) biegt man nach links in Richtung Hülben. Entweder parkt man bei der nächsten Straßengabel links in der Mauchentalstraße und findet links bald den Aufstieg „Höllenlöcher, Buckleter Kapf". Wanderzeichen ist die rote Gabel. Oder man fährt nach Hülben hinauf und parkt gegenüber dem großen Steinbruch (Wanderparkplatz „Uracher Steige"). Die rote Gabel führt zu den Höllenlöchern – so lange am Waldrand dahin, bis der gelbgekieste Weg (rote Gabel, Nr. 4) in den Wald hineinführt. Nach 200 Metern schon muß man rechts einbiegen und bei der Wegteilung der linken Spur folgen – direkt zum Nägelesfelsen.

Kartenempfehlungen:

1 : 50 000 Landesvermessungsamt Baden-Württemberg Blatt F 18 Reutlingen – Bad Urach
1 : 50 000 RV 11482 Mittlere Alb, Münsinger Alb

Den ganzen Tag nur spielen 12

Erholungsgebiet Eninger Weide

Ob Kinder Schaukeln, Wippen und Klettergerüste wirklich zum Spielen brauchen? Wenigstens für eine gute Weile macht es Spaß, alle Geräte auszuprobieren. Zwischendurch aber muß mehr passieren: Geländespiele machen, etwas auskundschaften, Tiere beobachten, mit dem Ball kicken, Würste braten. . .

Alle diese Wünsche werden im **Erholungsgebiet Eninger Weide** auf der Reutlinger Alb erfüllt. Werktags geht es da oben ruhiger zu als an Sonntagen. Aber Platz ist für viele auf dem riesigen Gelände. Zwischen Büschen und schattigen Bäumen liegen auf den Spielwiesen mehrere Grillplätze gut verteilt. Holzvorräte sorgen dafür, daß nicht plötzlich der Ofen ausgeht. An Tischen und Bänken kann sich die Familie zum Essen niederlassen oder ihr Lager auf sonnigen Wiesen ausbreiten.

Wenn sie irgendwo ihr Standquartier aufgeschlagen hat, sind die Kinder reichlich damit beschäftigt, dieses Freizeitrevier zu erkunden. Als starker Anziehungspunkt erweisen sich die Wildgehege mit Hirschen und Wildschweinen. Das Rotwild liegt oft gut versteckt im Wald und läßt sich suchen.

Schwarzkittel auf der Eninger Weide

12 Den ganzen Tag nur spielen

Bei der munteren Rotte Wildschweine geht es links zur schönen Aussicht. Direkt unter dem Strommast sieht man herrlich auf den unteren *Stausee des Pumpspeicherwerks Glems.*
Zum Rundgang um das obere Speicherbecken sollten die Eltern mitgehen. Beim Wildschweingehege folgt man dem Weg nach rechts und kommt an einen begrünten Zaun. Links aufwärts geht es immer an ihm entlang. Das Becken ist deshalb so gesichert, weil es lebensgefährlich wäre, da hineinzurutschen! Bei den steilgeneigten Wänden käme ohne Hilfe niemand wieder heraus. Das sieht jeder, wenn er oben beim Informationsstand angelangt ist und den See überblicken kann. Auf einer Tafel wird genau erklärt, wie die Stromerzeugung funktioniert. Das oben gespeicherte Wasser läuft durch Rohre abwärts und setzt unten zwei Turbinen in Gang. Nachts bleibt so viel Strom übrig, damit das Wasser vom unteren See wieder in den oberen hochgepumpt werden kann. So wiederholt sich jeden Tag die umweltfreundliche Energiegewinnung.

Wie kommt man zum Erholungsgebiet Eninger Weide?

Von Metzingen oder Reutlingen fährt man nach Eningen. Dort wird die Auffahrt nach St. Johann angezeigt. Sobald die Albhöhe erreicht ist, zweigt die Zufahrt zum Erholungsgebiet mit seinen Liegewiesen, Feuerstellen, Sporteinrichtungen, Spielgeräten und Wildgehegen links ab (Bushaltestelle Eninger Weide). Einbahnverkehr zu den Parkplätzen. An der Auffahrt ist das Freibad Eningen angezeigt – für jene, die beim Anblick des gesperrten Speichersees Lust auf einen Sprung ins kühle Naß bekommen haben. Über Bad Urach, Würtingen und den Gestütshof St. Johann kommt man auch zur Eninger Weide.

Öffnungszeiten:

Wanderheim des Schwäbischen Albvereins, Eninger Weide: samstags 14.00 bis 20.00 Uhr, sonntags 9.00 bis 20.00 Uhr; im Winterhalbjahr nur bis 19.00 Uhr. Übernachtungen für Gruppen nach Vereinbarung, Telefon 0 71 21/8 32 50.

Kartenempfehlungen:

1 : 50 000 Landesvermessungsamt Baden-Württemberg Blatt F 18 Reutlingen – Bad Urach
1 : 50 000 RV 11482 Mittlere Alb, Münsinger Alb

Zum Marschieren keine Lust 13

Welcher Spielplatz wird angesteuert?

An heißen Tagen ist die Wanderlust gleich Null. Doch Herumtoben und Spielen gefällt immer, um so mehr, wenn auch Wasser dabei ist. Auf der Alb gibt es viele Spielanlagen in der Nähe von Parkplätzen. Die wenigen Schritte schaffen auch die Kleinen, und man kann größeres Gepäck mitnehmen: Essen und Getränke fürs Picknick, Campingliegen, Hängematten, den Fußball, das Federballspiel. Leider wird auf Spielplätzen viel kaputtgemacht. Holzbauten werden mit der Zeit auch morsch und müssen beseitigt werden. Möglicherweise fehlt das eine oder andere Spielgerät, das bei unserer letzten „Inventur" noch vorhanden war. Außerdem sind neue DIN-Vorschriften für die Sicherheit auf Spielplätzen in Kraft getreten. Deshalb wurden von den Forstämtern und Gemeinden vorsichtshalber jene Geräte entfernt, die diesen Vorschriften nicht entsprochen haben. Wie weit „nachgerüstet" wird, bleibt abzuwarten.

Hier eine Liste von Spielplätzen, die nicht bei den anderen Ausflugstips erwähnt wurden und die zum größten Teil das haben, was Kindern besonderes Vergnügen macht: Wasser!

Im Seeburger Tal

Rast- und Spielplatz Gänsbuche: Ein kleiner Bach umfließt eine Insel. Das seichte Wasser kann mit Schiebern gestaut werden. Diese Planscherei macht im Sommer viel Spaß. Feuerstelle, Schaukeln, Rutschbahn vervollständigen die Einrichtung. Viel Auslauf gibt es in diesem Seitental der Erms. Die Ruine der alten Gänsbuche steht nicht mehr.

Zufahrt:

Über Bad Urach in Richtung Münsingen. Doch schon bei der Kunstmühle Künkele ist das Ziel erreicht. In der Siedlung dahinter kann man parken, geht nach hinten über die Erms und ein kurzes Stück nach rechts. Gehzeit fünf Minuten.

Rast- und Spielplatz Harrass: Dieser große Platz liegt unmittelbar an der Erms, ist von der B 465 einzusehen und daher meist stark besucht. Ein Bach läuft hindurch, bildet kleine Seen und bietet zum Spielen am und im Wasser viele Möglichkeiten. Auf der Wiese befinden sich mehrere Feuerstellen, Tische und Bänke.

13 Zum Marschieren keine Lust

Zufahrt:

An der B 465 zwischen Bad Urach und Seeburg liegt anderthalb Kilometer hinter den Forellenteichen rechts der Spielplatz. Eine Brücke führt über die Erms zum Parkplatz.

Am Wasserspielplatz Dapfen

Im Lautertal

Wasserspielplatz Dapfen: An einer zum Teich gefaßten Quelle und an der Lauter gibt es schöne Liegewiesen, Bade- und Spielmöglichkeiten. Keine Feuerstelle. Das Wasser ist ziemlich kalt.

Zufahrt:

Dapfen liegt unweit des Gestüts Marbach. Am Ortsende links findet man einen Parkplatz.

Zum Marschieren keine Lust 13

Spiel- und Rastplatz Jörgenbühl: Auf einer herrlichen Wacholderheide mit weiter Aussicht liegt oberhalb von Dapfen dieser überwiegend sonnige Platz. Bänke und Tische stehen auch unter Kiefern, die Schatten geben. Zwei Feuerstellen, zwei Rutschbahnen für größere und kleine Kinder, Sandkasten, Schaukeln, Klettergeräte, Fußballfeld und viel Auslauf erwarten die Besucher!

Zufahrt:

In der Ortsmitte von Dapfen, bei der Übersichtskarte des Verkehrsvereins Gomadingen, biegt man in den „Engen Weg" ein. Hinweis: „Sportplatz, Spielplatz, Feuerstelle". Nach anderthalb Kilometern steigt man am Parkplatz Jörgenbühl aus.

Spiel- und Rastplatz Weiherwiesen bei Buttenhausen: Bademöglichkeit in der kalten Lauter. Am sonnigen Hang zwei Feuerstellen, Sitzgruppen, kleine Rutschbahn, Sandkasten, Klettergeräte, Schaukeln. Zwei kürzere Rundwege sind angezeigt.

Zufahrt:

Vor Buttenhausen (von Wasserstetten herkommend) biegt man rechts zum Parkplatz ein.

Spiel- und Rastplatz Anhausen: Unmittelbar an der Lauter mit Bademöglichkeit. Es gibt zwei Feuerstellen, Sitzgruppen direkt am Fluß, wenige Spieleinrichtungen (Schaukeln, Wippen), aber sehr viel „Umland". Kurze Rundwege zu Höhlen (Gerberhöhle, siehe 16) und Ruinen sind angezeigt und ausgeschildert.

Zufahrt:

Von Indelhausen nach Anhausen abbiegen (Richtung Erbstetten!). Durch Anhausen zum 1 000 Meter entfernten Parkplatz im verkehrsfreien Teil des Lautertals. Abstecher zur Ruine Schülzburg!

Auf der Alb

Spiel- und Rastplatz Sauberg bei Lauterach: Südhang mit schönem Ausblick auf die Donauebene, auf Obermarchtal und den Bussen. Langgestreckter, grasiger Platz, Sitzgruppen unter Kiefern. Zwei Feuerstellen, Spielhütten, Schaukeln, Kletterbäume, Sandkasten, Turngeräte. Zu verbinden mit einem Besuch in Rechtenstein (siehe 22).

13 Zum Marschieren keine Lust

Zufahrt:

Über die B 465 in Richtung Ehingen. Abbiegen bei Frankenhofen nach Granheim, weiter über Mundingen in Richtung Lauterach. Beim Waldaustritt liegt der Parkplatz rechts, der Spielplatz links.

Spiel- und Rastplatz Neuban: Über dem Lauchertsee (siehe 8, Badeseen) liegt in 800 Metern Höhe eine Wacholderheide mit Weidebuchen, Kiefern und Wetterfichten, die fast alle leicht zu erklettern sind. Es gibt zwei Feuerstellen und eine Schutzhütte, aber keine Spielgeräte mehr. Der unbegrenzte Platz ist jedoch zum Verweilen für den ganzen Tag ideal, wenn man dem Menschengewimmel am See entfliehen möchte. Gut für Geländespiele, Anschleichen und Lagerbauen.

Zufahrt:

Auf der B 313 zwischen Reutlingen und Sigmaringen erreicht man hinter Trochtelfingen (unbedingt anschauen!) als nächsten Ort Mägerkingen. Wo das Bahngleis die Straße kreuzt, muß man links die „Neue Steige" zur angezeigten „Oase der Ruhe" emporfahren. Am zweiten Parkplatz bei den Scheuern steht eine Übersichtstafel. Auf dem geteerten Weg geht man nach links und dann rechts aufwärts. Gehzeit zehn Minuten.

Rast- und Spielplatz Herrendorf: Zwischen Eglingen und Ödenwaldstetten liegt versteckt ein kleines Paradies – das nur eines bleibt, wenn sich die Besucher an den Appell des Forstamtes Engstingen halten:

„Liebe Besucher! Wir haben für Sie und Ihre Kinder Rast- und Spielmöglichkeiten geschaffen. Bitte helfen Sie mit, die Anlage sauberzuhalten und sie vor mutwilliger Zerstörung zu schützen. Achten Sie auf die Sicherheit Ihrer Kinder, haben Sie Verständnis dafür, daß die Benützung der Spielanlage auf eigene Gefahr erfolgt."

In einer ansteigenden Wacholderheide mit viel Baumbestand und verschlungenen Schleichwegen gibt es zwei Feuerstellen, Bänke und Tische im Schatten. Spielgeräte ergänzen diese familienfreundliche Anlage. Der geschotterte Weg rechts führt zum Parkplätzchen.

Zufahrt:

Vom Lautertal bei Wasserstetten hinauf nach Eglingen und weiter in Richtung Ödenwaldstetten (Bauernhaus-Museum siehe 18). Zwei Kilometer hinter Eglingen liegt rechts der Spielplatz.

Zum Marschieren keine Lust 13

Anderer Leute Dreck wegräumen?
Aber ja! Damit wird der Spiel- oder Grillplatz für uns selber appetitlich. Kindern macht die „Putzfete" sogar Spaß. Sie haben die Meinung Erwachsener noch nicht übernommen: Ich räume doch nicht den Dreck von anderen Leuten auf – sondern sie möchten sich eine heile Welt schaffen. Geht ganz leicht: Zwei Plastiktüten genügen. Die kleinere wird über die Hand gestülpt und in die größere wird hineingesammelt. Oder man spitzt einen Stecken an und pickt damit Papier und Plastik auf, zielt in leere Flaschen hinein und hebt diese mit dem Stock auf. Eine hohe Kunst! Wenn es keine Abfallkörbe gibt, wird dichtes Gebüsch als Versteck gesucht.

Kartenempfehlung:

1 : 50 000 RV 11482 Mittlere Alb, Münsinger Alb

14 Sich fühlen wie die alten Ritter

Als Schlafgast auf der Burg

Das wäre doch mal was Besonderes: Nach einem erlebnisreichen Tag auf der Alb nicht heimzufahren, sondern auf einer richtigen Burg zu übernachten. So was gibt's! Der Schwäbische Albverein und das Jugendherbergswerk unterhalten insgesamt drei Burgen auf der Alb als Wanderheime. Natürlich muß man sich vorher anmelden und das Quartier festmachen. Dann kann man fast wie die alten Rittersleut abends durchs Burgtor einziehen. Die Zugbrücke liegt schon unten.

Die Mitgliedschaft im Schwäbischen Albverein ist nicht notwendig, um auf den Burgen Teck und Derneck übernachten oder Ferien machen zu dürfen. Für die Unterkunft auf Burg Wildenstein muß man sich vorher einen Jugendherbergsausweis besorgen. Der kostet auch nicht alle Welt.

In stolzer Höhe mit großartiger Aussicht liegt die **Burg Teck** auf einem hervorspringenden Bergsporn der Schwäbischen Alb. Sie wurde im 12. Jahrhundert von dem berühmten Geschlecht der Zähringer erbaut. Als Wanderheim ist sie ganzjährig geöffnet. Neben Familienzimmern und Gruppenräumen werden auch Ein- und Zweibettzimmer angeboten. Für Speise und Trank sorgt die Wirtschaft. Bequeme Leute können nicht mit dem Auto bis vor die Tür fahren. Auch sie müssen vom Parkplatz noch eine ganze Weile kraxeln. Unterhalb der Burg ziehen sich geheimnisvolle Höhlen in den Berg (siehe 15).

Die romantische **Burg Derneck** liegt etwas versteckt im schönen Lautertal. Ein Degenhart von Gundelfingen hat sie im 14. Jahrhundert bauen lassen. Der Schwäbische Albverein hat die Burg in Erbpacht übernommen und zum Wanderheim ausgebaut. Es gibt neben Mehrbettzimmern auch noch „Matratzenlager". Für Kinder ein besonderer Spaß, wenn sie vor dem Schlafen noch ein bißchen herumalbern und mit den andern auf dem Burghof „Fangerles" spielen können.

Noch eine weitere Burg hat der Schwäbische Albverein als Wanderheim eingerichtet: die **Kapfenburg** bei Lauchheim auf der Ostalb.

Die **Burg Wildenstein**, schneeweiß verputzt, steht auf einem schroffen Felsen des Donautals bei Beuron. Sie stammt aus dem 11. Jahrhundert und war als Festung mit doppeltem Graben ausgebaut. Dennoch wurde sie im Dreißigjährigen Krieg von den Schweden eingenommen. 1971 hat sie das Jugendherbergswerk gekauft und zu einer modernen, aber stilvollen Jugendherberge mit 144 Betten ausgebaut.

Natürlich gibt es auf der Schwäbischen Alb noch viel mehr Wanderheime zum Übernachten, alle landschaftlich besonders reizvoll gelegen: „Hütten" älteren Jahrgangs und Neubauten, fast so komfortabel wie Hotels. Auch die „Naturfreunde" unterhalten schöne Unterkunftshäuser, in denen ebenfalls Nichtmitglieder aufgenommen werden. Die preiswerten Quartiere machen Wanderferien auf der Alb auch bei knapper Urlaubskasse möglich.

Sich fühlen wie die alten Ritter 14

Innenhof der Burg Derneck

Auskünfte:

Hauptgeschäftsstelle des Schwäbischen Albvereins, Hospitalstraße 21 B, 70176 Stuttgart, Tel. 07 11/2 25 85-12.
Touristenverein „Die Naturfreunde", Landesverband Württemberg, Neue Straße 150, 70186 Stuttgart, Tel. 07 11/48 10 76.
Das Deutsche Jugendherbergswerk, Landesverband Schwaben, Urachstraße 37, 70190 Stuttgart, Tel. 07 11/16 68 60.

15 Keine Spur von der Sibylle

Unerforschtes bei der Burg Teck

In einer geräumigen Höhle auf dem Teckberg soll vor vielen, vielen Jahren eine weise Frau mit überirdischen Kräften gewohnt haben. Natürlich besaß sie auch große Schätze und war armen Leuten gegenüber freigiebig. Wer sie um Rat bat, bekam ebenfalls Hilfe, denn sie wußte alles und konnte die Zukunft voraussagen.

Diese Sibylle hatte drei Söhne, die aber völlig aus der Art schlugen: richtige Bösewichter! Sie konnten sich auch untereinander nicht riechen und bauten deshalb jeder eine Burg für sich: Rauber, Diepoldsburg und Wielandstein. Von diesen Raubritternestern aus überfielen sie Kaufleute, plünderten Bauern aus und nahmen ihnen das Vieh weg. Darüber grämte sich Sibylle so sehr, daß sie eines Tages auf und davon ging. Man sagt, sie sei mit einem feurigen, funkensprühenden Wagen durch die Luft davongerauscht. Zwei Wildkatzen – warum nicht Löwen, die gab es nämlich einstmals auf der Alb! – haben das Fahrzeug gezogen, und wo es die Erde berührte, hinterließ es die heute noch sichtbare „Sibyllenspur".

Tatsächlich gibt es Luftaufnahmen, die eine breite Wagenspur in den Äckern erkennen lassen, wo Gras und Frucht kräftiger wachsen. Bei günstiger Beleuchtung und in der richtigen Jahreszeit ist die Spur zu sehen. Vergessen wir die wissenschaftliche Erklärung, daß es sich um wasserstauende Gräben einer oberirdisch nicht mehr sichtbaren römischen Siedlung handelt – die Geschichte vom Sibyllenwagen und seiner Spur ist doch viel schöner!

In der *Sibyllenhöhle* selbst hatte der „Schwäbische Höhlenverein" (siehe 5) schon vor 100 Jahren viele Knochen vom Höhlenbären und Höhlenlöwen gefunden, aber keine Spur von der Sibylle. Ob das uns gelingt? Am Eingang zur *Burg Teck* führt der Weg mit dem Geländer direkt zur nahen Höhle unter dem Hauptturm. Zum großen Eingangsloch muß man hinaufklettern. Da! Als Spur von der Sibylle: der große Stein am Eingang! Das ist der Hund, der ihren Schatz bewachte! Irgendwer muß ihn mal verwandelt haben. „Drinnen hallt mehrstimmiger Gesang herrlich", schrieb Gustav Schwab in seinem ersten Albführer. Wenigstens das können wir ausprobieren – und im hintersten Winkel nachschauen, ob es wirklich einen geheimen Gang zwischen Höhle und Burg gegeben haben könnte. Darüber waren Gerüchte in Umlauf.

In einer zweiten Höhle am Teckberg soll im 16. oder 17. Jahrhundert wirklich eine Frau gewohnt haben: die Verena oder Veronika Beutlin. Wenn sie in der Höhle Feuer machte und Essen kochte, zog der Rauch durch einen Schacht nach oben ab. Das sahen zwar die Leute im Tal, dachten aber, es sei die „natürliche Ausdünstung" des Berges.

Keine Spur von der Sibylle 15

Qualmt's noch? Veronikas Kamin am Gelben Felsen

An diesem Rauchloch kommen wir direkt vorbei, wenn wir von der Burg Teck zum Sattelbogen und zur *Ruine Rauber* wandern. Hin und zurück sind das sechs Kilometer – ohne den Abstecher zur unteren Höhle. Es geht zur Burg hinaus und dem *roten Dreieck* nach in Richtung Süden. Wo die Fahrstraße links umbiegt, muß man zur rechten Bergseite hinüberwechseln und dem Zeichen *rotes Dreieck* (Rauber, Sattelbogen, Gelber Fels) folgen. In zwanzig Minuten sind wir auf dem markierten Weg beim steil abfallenden Gelben Felsen angelangt. Schon vorher haben wir Sperren aus Gestrüpp bemerkt, mit denen die „Felsnaturdenkmale" vorm Betreten geschützt werden sollen. Gerade dort, wo das am Baum angezeigt wird, führt ein rechts abzweigendes Weglein zu bizarren Randfelsen. Ein dicker Baumstamm aber gilt offenbar als Sperre. Doch es sind nur fünf Schritte bis zum deutlich sichtbaren Kamin der Veronika. Aus ihm wittert immer noch ein Raucharoma. Dieses Geschmäckle sitzt nämlich fest, wenn wieder mal einer die Rauchprobe gemacht haben sollte.

Wer auch die *Veronikahöhle* sehen möchte, muß ein sehr tapferer Pfadfinder sein. Der Wanderweg zum Rauber zieht um den Aussichtsfelsen herum und abwärts. Nach dem ersten Absatz geht es stur geradeaus. Doch 120 Meter weiter führt ein nichtbezeichneter

15 Keine Spur von der Sibylle

Trampelpfad im spitzen Winkel rechts zurück. Er ist am stark geneigten Hang mühsam zu begehen. Kindern scheint das nichts auszumachen, sie klettern wie die Gemsen. Die Höhle unterm Gelben Felsen hat einen offenen Vorraum, der sich bald zu einem Spalt verengt. Dahinter liegt eine hohe Halle. Mit starken Taschenlampen kann man die Kluft nach oben verfolgen. In der hintersten Ecke der trockenen Höhle könnte die Verena mit ihren beiden Buben geschlafen haben.

Da warteten sie immer auf den Vater, der ihnen von Zeit zu Zeit Essen brachte. Verheiratet waren die Eltern nicht. Als einmal der Mann ausblieb, gingen die hungrigen Kinder nach Owen hinunter, um Brot zu erbetteln. Neugierig fragten die Leute, woher sie seien. Da kam alles heraus. Verena wurde heruntergeholt und als Hexe verbrannt.

Von der Veronikahöhle geht es auf den Wanderweg zurück und weiter abwärts, an einem zerklüfteten Felsenriff entlang, bis zum tiefsten Punkt im **Sattelbogen**. Hier sieht man, daß der Teckberg von der Alb fast abgeschnitten und zum Ausliegerberg geworden ist. Am Sattelbogen finden wir eine Feuerstelle. Bis die Glut zum Grillen recht ist, können alle – bis auf den Koch – noch zur Ruine Rauber hochklettern, wo der erste Sohn der Sibylle gewohnt haben soll. Zurück geht es vom Sattelbogen auf dem breiten „Waldweg – gesperrt für Motorfahrzeuge" unterhalb des Gelben Felsens zum **Parkplatz Bölle** zurück.

Wie kommt man zur Teck?

Von der A 8, Ausfahrt Kirchheim-Ost, fährt man in Richtung Oberlenningen. In Owen ist die Auffahrt zur Teck angezeigt. Die Straße teilt sich oben und endet bei zwei Parkplätzen. Vom Parkplatz „Bölle" (rechts) führt ein Zickzackweg steil und schnell zur Höhe und auf den Fahrweg zur Burg. Beim Parkplatz „Hörnle" (links) liegt ein großer Spiel- und Rastplatz. Der bequeme, breite (Fahr-)Weg führt ebenfalls zur Burg. Für den privaten Autoverkehr ist er gesperrt. Das Wappen über dem Tor gibt Auskunft über die Besitzer. Gebaut wurde sie im Mittelalter von den mächtigen Zähringern. Heute gehört sie dem Schwäbischen Albverein und ist Wanderheim. Im Hof oder in der Wirtschaft (dienstags Ruhetag) kann man vespern und sich für den Gang zur Sibyllenhöhle stärken.
Tel. 0 70 21/5 52 08

Kartenempfehlungen:

1 : 50 000 Landesvermessungsamt Baden-Württemberg Blatt F18
              Reutlingen – Bad Urach
1 : 50 000 RV 11477 Schönbuch, Schurwald

Die Bettelmannshöhle suchen 16

Wanderziele um Burg Derneck

Wenn die grünweiße Fahne aufgezogen ist, steht das Tor zur Burg Derneck offen. Die „Tennenstube" ist an den Wochenenden bewirtschaftet und bietet Wanderern Vesper und Getränke, Kaffee und Kuchen. Für die Kinder ist es allemal ein Erlebnis, die kleine Burganlagen zu besuchen, auf das alte Steinhaus zu klettern und Ausschau zu halten. Der Gedanke, hier einmal zu übernachten, wird sie begeistern. Burg Derneck ist Wanderheim des Schwäbischen Albvereins. Der große Spielplatz unterhalb der Burg mit Schaukeln, Wippen, Rundlauf, Seilbahn und Klettergerüsten bietet den Kindern zusätzlich Vergnügen. Eine Feuerstelle und einen Wasserzapfhahn gibt es da auch. Zur Burg führt vom Lautertal, an der Zufahrt nach Münzdorf, gleich rechts ein bezeichneter Fußweg hinauf. Der Parkplatz liegt kurz dahinter.

Oder sollen wir erst die **Bettelmannshöhle** suchen? Die ist nur 300 Meter entfernt. Doch mit dem Auto kann man da schlecht parken. Also gehen wir auf der linken Seite der Fahrstraße in Richtung Indelhausen und halten die Augen offen. Da steht ein großer Felsen, dahinter etwas kleinere – und dann? Es gibt kein Hinweisschild mehr, das durch den „Urwald" zur Höhle führen würde, zunächst auch keinen erkennbaren Pfad. Ein Geheimtip: Wo die Lauter sich wieder der Straße zuwendet, findet man auf der linken Seite die Straßennummer „K6769". Kurz davor geht es wie auf Wildwechseln im Zickzack steil empor. Der Eingang ist ungewöhnlich – mehr breit als hoch und wird von einer Säule gestützt. Ein hochherrschaftliches Portal! Drinnen in der großen Halle gibt es noch mal eine Säule. Fürwahr ein schöner Palast für Bettelmänner! Da die Höhle ansteigt, ist sie vom Typ „Backofen" und demnach warm. Daß lange vor irgendwelchen armen Bettelleuten schon in der Steinzeit Menschen in dieser Höhle Zuflucht gesucht haben, ist durch Funde bewiesen. Als Wohnhalle eignet sie sich wirklich gut. Man braucht sich nirgends zu bücken, muß aber auf den steinigen, unebenen Boden achten.

Nun geht's zurück und wirklich hinauf zur **Burg Derneck**! Und dann? Wer sich zutraut, die knapp fünf Kilometer zum Ringwall von Althayingen und den Gerberhöhlen zu Fuß zu gehen, findet gleich beim Burgtor den mit Überraschungen gespickten Hauptwanderweg 5 (auch „*Burgenweg*") des Schwäbischen Albvereins. Er führt steil hinunter zur Straße und jenseits, neben der Brücke, zum sehenswerten **Käpfle** hinauf. Das ist ein weniger bekannter Kreuzberg mit einem Stationenweg. Darunter liegt der kleine Ort *Weiler*. Hier müssen wir nach links über die Lauterbrücke und dahinter rechts herum, immer an der Lauter entlang bis Indelhausen. Dabei umrunden wir eine schöne Felsengalerie, die der Lauter den Weg versperrt. In **Indelhausen** geht es nur kurz nach links und über die Steinbrücke zum alten Rathaus („Parkplatz Indelhausen", Übersichtstafel, Landeplatz der Miet-

57

16 Die Bettelmannshöhle suchen

bootfahrer). Hinter dem Rathaus liegt am Friedhof wieder ein Parkplatz.

Hierher fahren auch Kurzwanderer mit dem Auto, denen der rund zehn Kilometer lange Weg von und zur Burg Derneck zu weit ist. Sie steuern in Indelhausen beim Gasthaus „Hirsch" geradeaus zur alten „Hayinger Steige" und zum angezeigten „Wanderparkplatz 100 Me-

Voller Höhlen: Die Wand am Gerberloch

Die Bettelmannshöhle suchen 16

ter". Von dort ist die Route zu den „Gerberhöhlen 2 km" mit der *gelben Gabel* gut markiert. Sie führt die geteerte Steige aufwärts. Beim Bildstock zeigt der Wegweiser links über die Wiese. Deutlich steht die Burg Derneck am Horizont, die sich sonst gern versteckt! Vor dem Wald durchquert man den Ringwall zum ersten Mal. Die ganze Bergkuppe, an deren Südhang die Gerberhöhlen liegen, war mit einem doppelten Wall geschützt. Innerhalb dieses Ringes wurden auch Baureste aus dem Mittelalter gefunden, weshalb man annimmt, daß hier einmal Alt-Hayingen gestanden hat.

Später ist der Wall noch viel besser zu sehen! Der markierte Weg zieht im Wald nach rechts und schließlich über den Wall hinüber, bevor es auf steilen Stufen zu den **Gerberhöhlen** abwärts geht. Der Zugang zum **Großen Gerberloch** ist mit Geländern gesichert. Taschenlampen sind notwendig. Die Höhle ist 57 Meter lang, aber nach etwa 45 Metern kommt ein niedriger, trockener Schluf, der wohl nur Kinder anmacht hindurchzukriechen. Dahinter wird die Höhle wieder höher, ist aber sehr eng! Das Große Gerberloch ist jetzt mir einer Gittertür versehen, im Sommer aber nicht verschlossen. Zum Öffnen braucht man etwas Kraft.

Dicht unter dem Großen Gerberloch liegt das kleine **Gerberloch**. Es erweist sich als bequemes Nachtquartier mit einigen „Fenstern". Der ganze Felsen ist mit Höhlen und Löchern durchsetzt. Beim Abstieg kommen wir neben einer Geröllhalde auf einem Querweg an und gehen nach links zum Lautertal. Bei der Kläranlage ist es erreicht.

An dieser Ecke müssen wir links aufwärts, dem Wegweiser nach, wieder auf Indelhausen zu. Bei den ersten Häusern steckt ein altes *Schwedenkreuz* aus dem Dreißigjährigen Krieg im Boden. Da muß man nach links an einer Minigolf-Anlage und später an einer Felswand vorbei. Der obere Weg führt an der Lauter direkt zum Parkplatz zurück.

Wie kommt man zur Burg Derneck?

Im Lautertal unterhalb von Gundelfingen zweigt die Straße nach Münzdorf ab. Ein Parkplatz liegt gleich rechts an der Straße. (Fußweg zum Alpverein Wanderheim). Wer weiterfährt und in die Straße zum Wanderheim einbiegt, kommt allenfalls bis zum Spielplatz, dann geht es auf dem „Fußweg zum AV-Wanderheim" weiter. Die Burg ist vom 16.03. bis 14.11. geöffnet (Eintritt). Tel. + Fax 0 73 83/12 97 (Anmeldung Fr. Stein); Tel. 0 73 86/2 17 (Burg)

Kartenempfehlungen:

1 : 50 000 Landesvermessungsamt Baden-Württemberg Blatt F 18
            Reutlingen – Bad Urach
1 : 50 000 Landesvermessungsamt Baden-Württemberg Blatt F 20
            Sigmaringen – Ehingen
1 : 50 000 RV 11482 Mittlere Alb, Münsinger Alb

17 Abwärts durch den wilden Tobel

Einkehr auf Burg Wildenstein

Nicht nur die Schlafgäste in der Jugendherberge Burg Wildenstein werden verköstigt – auch hungrige Wanderer, die nur vorüberziehen, dürfen sich im Burghof niederlassen und ihr eigenes Vesper verzehren. Getränke gibt's jede Menge. Der knurrende Magen muß sich begnügen. Landjäger oder einen Snack gibt es meistens. Die Burgschänke ist von 11.00 bis 17.00 Uhr geöffnet. Montags bleibt sie zu.

Wer nur einen Tagesausflug zur Burg Wildenstein macht, wird beim Anblick dieses romantischen Gemäuers mit Zugbrücke, Graben, Mauern und Türmen sehr bedauern, daß er hier nicht länger bleiben darf. Unternehmen ließe sich so viel im Donaudurchbruch. Weitere Burgen und Ruinen könnte man besteigen. Auf der Donau paddeln Kanuten oder auch nur die Besitzer von Schlauchbooten im Sommer munter dahin – wenigstens bis zum nächsten Wehr, wo sie entweder das Boot herumtragen oder sich abholen lassen müssen. So eine Bootsfahrt muß vorher gut organisiert werden. Denn flußaufwärts mit Muskelkraft?!

Gespickt voller Abenteuer und schöner Erlebnisse ist der Aufstieg zur Burg Wildenstein von Beuron aus. In Beuron steht bekanntlich die große Benediktinerabtei mit einer sehenswerten Kirche. Doch Baustile und Kunstwerke werden Kinder vermutlich weniger begeistern – eher schon die Aussicht, einen richtigen Mönch mit Kutte zu sehen.

Wer von *Beuron* aus loswandert, muß zu Fuß oder mit dem Auto noch sehr weit der Hauptstraße aufwärts folgen. Erst hinter der Eisenbahnbrücke hängen Wegweiser. Zuerst bleibt man noch ein kurzes Stück auf dem „Stationenweg", dann führen drei verschiedene Routen hinauf zur Burg. Auf der mittleren (*rotes Dreieck*) „Wildenstein (Alpenblick) ehem. Steighof" könnte man nach 250 Metern rechts herum den Umweg über die *Felsen des Alpenblicks* machen. Aber Felsen sieht man genug, wenn man geradeaus den Berg hochsteigt, zum Beispiel links den mächtigen *Petersfelsen* mit dem Kreuz!

Wenn man oben nach links zur „Alb-Südrandlinie" (*rotes Dreieck*) abgebogen ist, könnte man zum bizarren Petersfelsen – aber nicht mit Kindern – absteigen (Hinweisschild). Bequemer läßt sich kurz dahinter der ungefährliche *Felsen Jägers Ausblick* erreichen. Auch der kleine, angezeigte Abstecher zum *AP Altstadtfelsen* macht gewaltigen Eindruck. Aber selbst hier möchte man Kinder am liebsten an die Leine nehmen, denn es geht steil hinunter.

Auf dem Hauptweg (*rotes Dreieck*) meist im schattigen Wald, gibt es keine Orientierungsschwierigkeiten bis zur **Burg Wildenstein**. Über zwei Brücken, die den Doppelgraben überspannen, galoppieren wir als neuzeitliche Ritter auf Schusters Rappen hinein.

Durch den Doppelgraben verläuft der Abstieg durch den wilden Tobel. Wenn man nach der Einkehr aus der Burg kommt, geht man nach rechts und biegt bei den Stallungen wieder nach rechts. Der Weg zieht

Abwärts durch den wilden Tobel 17

Zugang zur Burg Wildenstein

17 Abwärts durch den wilden Tobel

in Kehren unter beiden Brücken hindurch, wobei von hier aus die kühne Anlage erst so richtig zu sehen ist. Hinter der seitlichen Gittertür geht es dann hart an den Felsen entlang (*rotes Dreieck,* Nr.*1* und *6*). Auf dem Sattel weiß man zuerst nicht, wohin – aber da führen rechts Serpentinen hinunter zum Talschluß, bei dem man sich die Augen reiben muß, ob das unwirkliche Bild im Waldesdunkel nicht trügt: Eine Grotte, darüber weiße Felsen getürmt, die mit Nischen und Höhlen durchsetzt sind. Für geschickte Kletterer sind sie leicht erreichbar. Die Kinder werden nicht zu halten sein und wollen Höhlenforscher spielen.

Durch den Tobel geht es dann links abwärts, bei Querwegen immer geradeaus und schließlich über den „Donausteg nach St. Maurus und Beuron". **St. Maurus**? Das ist eine winzige Kapelle, die mit ihrer Bemalung schon von außen nach etwas Besonderem aussieht. Und drinnen erst! Sollte die Kapelle geschlossen sein, darf man sich den Schlüssel bei den Benediktinermönchen nebenan holen. Vielleicht kommt einer der Patres mit und schließt auf. Staunen werden auch die Kinder über die eigenartigen Wandbilder. Sie stammen von Pater Desiderius Peter Lenz, der im vorigen Jahrhundert die christliche Malerei erneuern wollte und um 1870 die „Beuroner Kunstschule" begründete. Die Mauruskapelle ist sein einziges, unverändert erhalten gebliebenes Werk.

Wer will jetzt noch den Heiligen Benedikt in einer Grotte sitzen sehen, mitsamt dem Raben, der ihm immer das Brot brachte, damit er als Einsiedler nicht verhungern mußte? – Zu ihm steigt man links von der Kapelle hinauf. Am höchsten Punkt sitzt er im Berg.

Am besten geht man jetzt wieder zur Mauruskapelle zurück und nun rechts weiter um den Hügel herum. Kurz vor der Fahrstraße führt halblinks der Radwanderweg ab. Dieser schattige Weg zieht direkt an der Donau entlang und durchquert zwei Tunnel, bevor er zur Straße und gleich wieder links durch die Flußaue nach Beuron hineinführt. Die auch für Kinder kurzweilige Wanderung ist rund zehn Kilometer lang.

Wie kommt man zur Burg Wildenstein?

Mit dem Auto fährt man fast bis vor die Tür über Beuron und Leibertingen. Beuron als Ausgangspunkt der Wanderung liegt im Donautal zwischen Sigmaringen und Tuttlingen.

Besondere Tips:

Für weitere Ziele und Unternehmungen verschickt die „Fremdenverkehrsgemeinschaft Erholungslandschaft Obere Donau", Fremdenverkehrsamt, Landratsamt, Postfach 4 40, 72488 Sigmaringen,

Abwärts durch den wilden Tobel 17

Tel. 0 75 71/1 06-2 23, Informationen. Hier gibt es auch eine Flußwanderkarte, in der Wassersportler alle Gefahren, Hindernisse und Wehre eingezeichnet finden. Zwischen Beuron und Blochingen darf die Donau „bepaddelt" werden.

  Bootsverleih (Einer- und Zweierkajaks) in Beuron, Sigmaringer Straße 2, Kohler und Brandenburger, Tel. 0 74 66/10 14 und 0 74 66/15 25. Auch hier gibt es die Flußwanderkarte. Volker Schmack in Bichishausen, Tel. 0 73 83/4 08, bietet ebenfalls ab Sigmaringen Kanufahrten an, bei denen Kinder mitgenommen werden können.

Kartenempfehlungen:

1: 50 000   Landesvermessungsamt Baden-Württemberg Blatt F 26 Naturpark Obere Donau
1: 50 000   RV11480 Naturpark Obere Donau

18 Die Urahne auf der Alb besuchen

Zum Bauernhausmuseum in Hohenstein-Ödenwaldstetten

Für Kinder ist das Alte brandneu. So etwas bekommen sie in der Stadt nie zu sehen: ein niedriges Fachwerkhaus aus früheren Jahrhunderten mit dem gesamten Mobiliar und Gerät, Wäsche und Kleidern, womit unsere Vorfahren ausgerüstet waren. Nur Weniges wurde noch bis in die Neuzeit hinein benutzt. Zum Beispiel das alte Rubbelbrett für die Wäsche. Großmütter kennen es noch. Oder den eisernen Kaffeeröster. Auf dem Schwarzmarkt in der Nachkriegszeit gab es die Kaffeebohnen grün.

Im Haus sieht es so aus, als ob darin immer noch Menschen wohnten: rechts die junge Familie – links Großvater und Großmutter im Altenteil. Blumen schmücken den Tisch, an den Fenstern stehen ganz bestimmte Pflanzen, welche die Fliegen abwehren sollten. Die Kaffeekanne wartet im Ofenrohr auf Durstige. Und was für schöne Öfen mit Bildplatten die hatten! Darüber trocknen Hemd und Strümpfe. Eine alte Uhr tickt an der Wand. Urgroßvaters lange Pfeife steht in der Ecke (wie er die wohl gehalten hat?). Die Speisekammer ist mit Eiern, Zwiebeln, Hutzeln und Mehl gefüllt. Auch die Mausefalle steht „auf Empfang".

Ja, es fehlt wirklich nichts im geräumigen **Bauernhausmuseum in Ödenwaldstetten**, weil viele Einwohner der Großgemeinde Hohenstein dazu beigetragen haben, es auszustatten. Manches seltene und ausgefallene Stück ist dabei. Aber auch das ganz Gewöhnliche bietet Stoff für ein unterhaltsames Ratespiel: „Was glaubet se, was man damit mal gmacht hat?" Die Frauen aus Hohenstein, welche Besucher in kleinen Gruppen durchs Haus führen, zeigen jedes Ding und fragen oftmals erst, ob jemand Bescheid weiß. Dann mutmaßen die Besucher vielleicht, man habe mit dem Hobelmesser wohl Käse geschnitten. Falsch, ganz falsch. Zucker! Jawohl, vom Hut herunter. Den Kindern macht es Spaß, wenn auch die Eltern sich mal blamieren.

Und der Stein da auf dem Fensterbrett in der Schlafkammer? Der wurde als Wärmespender erst auf den Herd und dann ins Bett gelegt. Das hat sogar die Bettflasche gespart. Auch eine hübsche Kommode steht da. Vergeblich bleiben die Versuche, die oberst Lade aufzuziehen. Wenn jedoch der Deckel hochgeklappt wird, kommt ein Nachtstuhl zum Vorschein.

Jedes Ding hat eine Geschichte, und die wird im Bauernhausmuseum so lebendig erzählt, daß auch Kinder wie gebannt zuhören. Hier werden sie wie durch Zauberei um 100 Jahre zurückversetzt, was genauso spannend ist, wie die von ihnen so heißgeliebten Science-fiction-Filme. Heimatkunde wird hier zum Erlebnis.

Die Bauerngärten beim Haus hat das Botanische Institut der Universität Tübingen nach alten Mustern angelegt. Blumen, Kräuter, Gemü-

Die Urahne auf der Alb besuchen 18

se und viel Nützliches wächst darin, das man heute in der Apotheke kaufen muß. Dahinter wurde ein weiteres Bauernhaus mit Scheuer und Nebengebäuden als Museumserweiterung ausgebaut. Darin sind die Werkstätten eines Webers, Wagners, Schuhmachers und eine Schmiede untergebracht. Ein Dachbrunnen sammelt das Regenwasser. Auf der trockenen Alb war die Wasserversorgung lange ein Problem.

Vor dem Besuch in Ödenwaldstetten läßt sich auf der Alb noch allerlei unternehmen. Das *Haupt- und Landesgestüt Marbach* liegt in der Nähe. Von 8.00 bis 18.00 Uhr steht das Tor offen. Besucher dürfen durch die Ställe wandern und die schönen Araber bewundern oder zu den Koppeln spazieren und die Pferde im Freien beobachten.
Tel. 0 73 85/9 69 50

Zwischen Ödenwaldstetten und Eglingen wartet ein Spiel- und Rastplatz auf Familien. Auch die *Ruine Hohenstein* ist sehenswert, ebenso der *Ortskern von Hohenstein-Bernloch* mit der Hüle und dem alten Schulhaus, das als Gemeindehaus erhalten wurde. Das *Automuseum* liegt jetzt an der Verbindungsstraße zwischen Groß- und Kleinengstingen und ist täglich von 10.00 bis 12.00 und 13.00 bis 17.30 Uhr geöffnet. Tel. 0 71 29/73 87

Wie kommt man nach Hohenstein-Ödenwaldstetten?

Auf der B 312 zwischen Reutlingen und Zwiefalten fährt man über (Klein-)Engstingen nach Bernloch und biegt nach Ödenwaldstetten ab. Von Marbach aus führt ein bezeichnetes Waldsträßchen direkt nach Ödenwaldstetten. Das Bauernhausmuseum ist von Mai bis Oktober jeden Mittwoch, Samstag und Sonntag zwischen 14.00 und 17.00 Uhr geöffnet. Gruppen können auf Voranmeldung (Bürgermeisteramt Hohenstein 0 73 87/15 51) geführt werden.

Kartenempfehlungen:

1 : 50 000 Landesvermessungsamt Baden-Württemberg Blatt F 18
              Reutlingen – Bad Urach
1 : 50 000 Landesvermessungsamt Baden-Württemberg Blatt F 20
              Sigmaringen – Ehingen
1 : 50 000 RV 11482 Mittlere Alb, Münsinger Alb

19 Im Kanu die Lauter abwärts . . .

Oder lieber aufs Rad umsteigen?

Ein Bootsverleiher im Lautertal bietet jetzt auch Fahrräder und sogar lustige Fahrradkutschen für die Lautertalfahrt an, denn bei dem allzu lebhaft gewordenen Bootsverkehr auf der schmalen Lauter waren Beschränkungen notwendig. Außerdem ist die Fahrt für Ängstliche und Unsportliche gar nicht so lustig und leicht, wie es aussieht, besonders bei hohem Wasserstand nicht. Es gibt „Stromschnellen", da müssen Sie stur geradeaus hindurch; es gibt Stufen, die Neulinge erschrecken; Brücken, unter denen Sie den Kopf einziehen müssen, und andere, deren Mittelpfeiler Sie möglichst stehenlassen sollten. Büsche und Bäume hängen an verschiedenen Stellen ins Wasser, denen man ausweichen muß. Kentern ist möglich – und das Wasser „saukalt". Schwimmen sollte jeder Bootsfahrer können!

Wer den eigenen Gummidampfer mitbringt und im Umgang mit diesem fahrbaren Untersatz geübt ist, wird weniger Probleme haben, als jemand beim ersten Start im Mietboot. Das Kanu wird von den allzu nahen Ufern magnetisch angezogen, und man hat zunächst alle Hände voll zu tun, um sich in der Mitte zu halten.

Als harmlos gilt die Strecke zwischen dem Einsatzpunkt am Heiligental unterhalb von Gundelfingen und dem Landeplatz am Rathaus Indelhausen. Zwar macht auf diesen sechs Kilometern die Lauter viele Windungen, die gemeistert werden müssen, aber die Strecke ist auch landschaftlich besonders schön – sofern man dazu kommt, dies wahrzunehmen. Die Fahrt dauert ziemlich genau eine Stunde. Und wenn auch noch die letzten Wirbel vor Indelhausen überstanden sind und man nicht seitwärts mit dem Mühlkanal fortgeschwommen, sondern geradeaus zum Steinbrückle gekommen ist und sich im ruhigen Wasser an Land gezogen hat – ja, dann fühlt man sich als Bezwinger eines reißenden Stroms und kann dem Bootsverleiher versichern, der seine auf dem Trockenen sitzenden Schäfchen pünktlich abholt: „Es war super!"

Manche sollen auch schon gesagt haben: „Einmal und nicht wieder!" Dennoch war der Andrang zur Kanufahrt so groß, daß zum Schutz der Uferzonen und der bedrohten Tier- und Pflanzenwelt eine Rechtsverordnung den Wassersport auf der Lauter stark einschränken mußte. Die zwischen Buttenhausen und Anhausen „schiffbare" Lauter ist in der Zeit vom 15. März bis 30. Juni völlig gesperrt, sowohl für Wasserfahrzeuge jeglicher Art wie für das „wilde" Baden. Vom Badeverbot ausgenommen sind die ausgeschilderten Badeplätze etwa bei den Weiherwiesen vor Buttenhausen; in Bichishausen gegenüber dem „Hirsch"; unterhalb Gundelfingen am Heiligental; 1 000 Meter unterhalb Anhausen im verkehrsfreien Talabschnitt. Während der Sommermonate Juli, August, September ist an Samstagen und Sonntagen das

Im Kanu die Lauter abwärts . . . 19

Baden außerhalb der eingerichteten Plätze und das Bootfahren verboten! Den Kapitän auf großer Fahrt darf man dann nur noch unter der Woche spielen.

Schon „ausgestiegen"! Das Kanu hat seine Tücken

19 Im Kanu die Lauter abwärts ...

Bootsverleih mit Rückholservice:

Bichishausen, (Schmack), (ebenso Fahrrad-Verleih), Tel. 0 73 83/ 4 08. Auch Kanufahrten auf der Donau ab Sigmaringen (mit Rückholservice) kann man hier vereinbaren.

Wer jedoch aufs Fahrrad umsteigt, kann der Lauter nicht nur abwärts, sondern wieder aufwärts folgen, was den Bootsfahrern naturgemäß schwerer fallen dürfte. Die Steigung ist gering, größtenteils fährt man auf autofreien Nebenwegen und hat vielleicht mehr Spaß als die von Schnaken geplagten Schiffer. Das eigene Fahrrad sollte man am besten mitbringen.

Mit Pferd und Wagen kann man ebenfalls durchs Lautertal und zu anderen schönen Zielen fahren. Der Landwirt Karl Beck in Bichishausen bietet im Sommer Kutsch- und im Winter Schlittenfahrten an. Tel. 0 73 83/12 40.

Für ein mehrtägiges Alb-Trecking im Planwagen, wobei man einen Fahrer mitnehmen muß, kann man in Gomadingen bei der Familie Menschel anfragen: Tel. 0 73 85/4 94.

Gesellschaftsfahrten bis zu 30 Personen bietet auch Joachim Bock, Maxfelden (bei Hayingen), Tel. 0 73 86/4 24.

Wie kommt man ins Lautertal?

Zwischen den beiden Bundesstraßen 312 (Reutlingen – Zwiefalten) und 465 (Bad Urach – Ehingen) liegt das Tal der Großen Lauter. Anfahrt nach Buttenhausen über Bad Urach, Münsingen (B 465).

Kartenempfehlungen:

1 : 50 000 Landesvermessungsamt Baden-Württemberg Blatt F 18 Reutlingen – Bad Urach
1 : 50 000 Landesvermessungsamt Baden-Württemberg Blatt F 20 Sigmaringen – Ehingen
1 : 50 000 RV 11482 Mittlere Alb, Münsinger Alb

Guten Rutsch bergab! 20

Ein rasantes Vergnügen: Sommerbob fahren

Wer will sein Sparschwein schlachten und den Inhalt auf der Sommerbobbahn in Erpfingen oder Westerheim verjubeln? Das geht ziemlich schnell, ist aber zu wenig Spaß und Abenteuer für einen ganzen Tag auf der Alb. Verbinden läßt sich das Rutschvergnügen in Westerheim mit dem Besuch zweier Höhlen: der *Schertelshöhle* und dem *Steinernen Haus* – und einer kürzeren Wanderung zum Filsursprung. Dort liegt ein schöner Spiel- und Grillplatz direkt am Wasser, denn die Quelle fließt in ein großes, flaches Becken. Stufen führen hinunter. Doch für ein ausgedehntes Fußbad dürfte es zu kalt und der Boden zu steinig sein. Selbstgebastelte Schiffchen könnte man an einer Leine schwimmen oder sich noch andere Wasserspiele einfallen lassen. Der Rückweg durch eine wilde Klinge wird zur Dschungelexpedition.

Die Zufahrt zur **Schertelshöhle** ist am Ortsanfang von Westerheim angezeigt. Noch vier Kilometer sind über den Westenberg bis zum Parkplatz bei der Schertelshöhle zu fahren. Dann geht es zu Fuß 300 Meter abwärts zum Rasthaus an der Höhle. Kurz vorher sollte man links das eingezäunte **Kuhloch** anschauen. Durch diesen Trichter wurde die Höhle entdeckt. Angeblich soll ein Förster plötzlich seinen Hund vermißt haben. Der war in dieses Loch gefallen und bellte aus der Tiefe um Hilfe. Kuhloch heißt der Trichter auch deshalb, weil die Bauern in dieser unergründlichen Abfallgrube verendete Rindviecher verschwinden lassen konnten.

Schon um 1830 wurde der ebene Zugang künstlich geschaffen und die Höhle für Besucher geöffnet. Die gingen damals noch mit Fackeln hinein und schwärzten die schönen Tropfsteine. Heute ist die Höhle elektrisch beleuchtet. Ein Führer geht mit und erklärt alles. Die Schertelshöhle hat zwei auseinanderstrebende Gänge und ist insgesamt 212 Meter lang. Großen Eindruck macht natürlich das Kuhloch von unten, durch das mittags ein paar Sonnenstrahlen einfallen. Bei einer besonders schönen Tropfsteingruppe, der Orgel, nimmt der Höhlenführer mitunter ein bereitliegendes Eisenstück und entlockt den Kalksintersäulen einige Töne.

Nach dem Höhlenbesuch geht es die vielen Stufen hinab bis zur Wegkreuzung im Tal. Genau gegenüber führen Stiegen wieder hinauf zum nahen **Steinernen Haus**. Das ist eine offene, etwa 50 Meter tiefe Halle. In Kriegszeiten sollen Menschen darin Schutz gesucht haben. Wer die Höhle bis in den letzten Winkel erforschen will, braucht eine Taschenlampe.

Zum „Filsursprung, 2,5 km" geht es dann unten im Tal dem Wegweiser nach (*Hauptwanderweg 7 des Schwäbischen Albvereins mit dem roten Strich*). 20 Minuten später ist das *Hasental* erreicht, und man muß rechts herum zum **Filsursprung**, wo eine längere Rast fällig wird. Wenn jeder in seinem Rucksack trägt, was er selber essen und trinken

20 Guten Rutsch bergab!

möchte, ist der Transport von „Fressalien" kein Problem. Auf dem Spielplatz im Seitental gibt es zwei Feuerstellen und etliche Spielgeräte. Hauptanziehungspunkt dürfte jedoch die Quelle mit dem Wasserbecken sein.

Ganz schön in Fahrt kommt man auf der Sommerbobbahn in Sonnenbühl-Erpfingen. Sie ist 500 Meter lang und überwindet einen Höhenunterschied von 100 Metern. Bei trockenem Wetter ist die Bahn täglich in Betrieb. Hier läßt sich das Rutschvergnügen mit einem Ausflug zur bekannten Bärenhöhle verbinden.

Guten Rutsch bergab! 20

Hinter dem Spielplatz geht es durch dieses Seitental zurück. Zuerst sieht es gar nicht nach „Weg" aus. Dann steht mal eine *4* am Baum – also doch ein Weg, aber was für einer! Über Stock und Stein und gestürzte Bäume muß man turnen. Die *4* führt bei der Gabelung geradeaus. Dann kann es nach Regentagen passieren, daß aus dem Weg ein Bächlein geworden ist – zur Freude der Kinder, die von Stein zu Stein springen. Später zieht der Weg stark aufwärts, und die Klinge mit ihren Steinwänden und herabgestürzten Blöcken bleibt rechts. Sie endet trocken unter einer Felsstufe. Darüber verläuft der Weg nur noch als Spur, aber sie führt – mit der *4* versehen – sicher zur **Zieleiche**, einem jetzt neu gepflanzten Baum.

Jetzt geht es in Fortsetzung der Klinge den gelben, breiten Weg aufwärts bis zu den geteerten Wegen. Nach rechts weist ein Schild zur „Schertelshöhle, Steinernes Haus". Durch den schattigen Wald kommt man zur Zufahrtsstraße Westerheim-Schertelshöhle und gegenüber in den Hauptwanderweg *7*, der 500 Meter weiter halbrechts in ein Waldtal hinunterführt. Nach einem Kilometer weist ein Schild zur Schertelshöhle aufwärts (ganz nahe: Spielwiese, Feuerstelle).

Die Wanderstrecke ist etwa sieben Kilometer lang. Wer nun noch Lust hat auf die Rutschpartie, fährt nach Westerheim hinein, biegt rechts in die Straße nach Donnstetten und sieht am Skilift die **Sommerbobbahn**. Betrieb ist nur am Samstag, Sonntag und an Feiertagen bei trockenem Wetter! Tel. 0 71 64/22 06

Westerheim, der anerkannte Luftkurort mit Campingplatz, Ferienhäusern und lebhaftem Fremdenverkehr, bietet noch mehr Attraktionen wie Reitstall, Tennisplätze, Trimmpfad, Minigolf und ein schönes Hallenbad (Tel. 0 73 33/56 20) mit Liegewiese.

Wie kommt man nach Westerheim?

Auf der A 8 kann man bei der Behelfsausfahrt Lämmerbuckel hinausfahren und nach knapp vier Kilometern Westerheim erreichen. Die Schertelshöhle ist von Mitte Mai bis 30. September täglich von 9.00 bis 17.00 Uhr geöffnet (Eintritt). Anfragen: 0 73 33/64 06

Kartenempfehlungen:

1 : 50 000 Landesvermessungsamt Baden-Württemberg Blatt F 18 Reutlingen – Bad Urach
1 : 50 000 RV 11482 Mittlere Alb, Münsinger Alb

21 Kopf einziehen in der „Blauen Grotte"

Mit dem Boot in die Wimsener Höhle

„Lohnt sich's?" fragen unkundige Ausflügler jene, die gerade aus dem Höhlenschlund wieder ans Tageslicht gekommen sind. Und ob sich's lohnt! Der Höhlenführer versichert, es sei die einzige aktive Flußhöhle in der Bundesrepublik Deutschland, die befahren werden kann. Vor Beginn der Kahnpartie warnt er gleich: „Hände weg vom Bootsrand und den Kopf einziehen!" Ganz klein muß man sich machen. Denn hinter dem Höhleneingang senkt sich die Decke sehr stark. Danach wird die Höhle wieder höher, man kann aufatmen und sich beim Schein der Lampen umsehen. Der Fährmann braucht viel Kraft, um den Kahn an den Felsen gegen die starke Strömung voranzuziehen. Glasklar ist das bis zu vier Metern tiefe Wasser.

Wenn das Boot an jenem beleuchteten Spalt haltmacht, wo es umkehren muß, ist sicher der Witz fällig: „Wer hier weitermöchte, soll bitte aussteigen!" Das haben die Höhlenforscher längst getan, allen voran der wagemutige Taucher Hasenmayer. Er kam im Felsinnern nach schwierigen Tauchgängen auch in tropfsteingeschmückte Gänge und Hallen. Auf 723 Meter Länge ist die Höhle jetzt bekannt. Wir aber müssen nach 70 Metern wieder kehrtmachen. Die Rückfahrt ist besonders reizvoll, weil man dann das Tageslicht einfallen sieht und an die berühmte „Blaue Grotte" von Capri denken darf.

An schönen Sonntagen müssen die Besucher oft warten, bis sie „dran" sind und ins schwankende Boot einsteigen können. An Werktagen gibt es womöglich eine private Sonderfahrt, wie seinerzeit für den Kurfürsten Friedrich von Württemberg, der auch die Höhlen der Alb kennenlernen wollte. Für ihn wurde 1804 die Tafel über dem Höhlenportal angebracht: „Dankbar begrüßt den hohen Besuch die hier waltende Nymphe. Fröhlicher fließet dir nun, Friedrich, die rauschende Ach". Seit seinem Besuch heißt die Quelle der Zwiefalter Ach auch Friedrichshöhle.

Die meisten Ausflügler bleiben in der ehemaligen Wimsener Mühle und jetzigen Wirtschaft „Friedrichshöhle" hocken. Wir aber wollen ja noch mehr unternehmen! Über die Holzbrücke führt der Weg rechts hinunter in die Klamm. Doch bevor sich die Ach über das Wehr stürzt, lassen sich im flachen Wasser Forellen beobachten – und vielleicht noch anderes Getier? Grundeln, die am Boden liegen und sich mit den Flossen abstützen?

In der Klamm wird nach zehn Minuten eine Feuerstelle direkt am Wasser erreicht, für Kinder ein herrlicher Platz zum Rasten, weil sie da am und im Wasser spielen können. Wenn es dann doch weitergeht, kommt man über zwei Stege. Der letzte überbrückt einen mit blaugrünem Wasser gefüllten Kolk. Ein Rastplätzchen wurde genau an jener Stelle eingerichtet, wo einmal der „rote Schorsch" den Frieder erschlagen haben soll. Oder war's umgekehrt? Jedenfalls hängt dieses Schild-

Kopf einziehen in der „Blauen Grotte" 21

Ohne Fährmann geht nichts in der Wimsener Höhle

chen nicht mehr am Baum – macht ja auch nicht gerade Appetit zum Picknick.

Forellen stehen hier ebenfalls im Wasser. Zu Hunderten wimmeln sie in den Forellenteichen kurz dahinter. Vielleicht erhebt sich gerade ein Graureiher in die Lüfte, der sich auch gern eine Forelle angeln würde. Das ist ihm jedoch durch feingespannte Drähte verwehrt.

Spätestens bei den Forellenteichen wird abgestimmt, wer noch bis zum berühmten Barockkloster *Zwiefalten* marschieren möchte. Weit ist es eigentlich nicht mehr: eine Stunde hin und eine Stunde zurück. Es geht fast immer am Wasser entlang, und in Zwiefalten wird sicher ein Eis spendiert, nachdem die Kinder genauso andächtig wie die Großen das Münster angeschaut haben.

Wie kommt man zur Wimsener Höhle?

Bei Indelhausen im Lautertal biegt man in Richtung Hayingen und Zwiefalten ab. Die Zufahrt zur Wimsener Höhle ist drei Kilometer hinter Hayingen angezeigt. Vom Parkplatz muß man nur ein kurzes Stück gehen. Die Höhle wird vom 1. April bis 31. Oktober täglich von 9.00 bis 17.30 Uhr befahren (Eintritt). Im Winter auf Anfrage: Tel. 0 73 73/28 13.

Kartenempfehlungen:

1 : 50 000 Landesvermessungsamt Baden-Württemberg Blatt F 20 Sigmaringen – Ehingen
1 : 50 000 RV 11482 Mittlere Alb, Münsinger Alb

An der schönen grauen Donau 22

Merkwürdiges in Rechtenstein

Blau ist die Donau wohl nur im Walzertext. Und so schön wie im Oberen Donautal ist sie später in unserem Land auch nicht mehr. Aber es gibt zwischendurch Stellen von eigenartigem Reiz. Vor allem Kinder, die in der Schule die Donau als zweitgrößten Strom Europas kennenlernen, finden es komisch, wenn sie bei Rechtenstein – wo liegt das bloß? – den Strom als lehmgraues Flüßchen unter einer hohen Brücke dahinziehen sehen. Das soll die große Donau sein?

Felsig und steil ist das linke Ufer, an dem der Ort *Rechtenstein* klebt. Auf diesem „Stain" hat 1 000 Jahre lang ein berühmtes Geschlecht gesessen. Von der Burg ist nur noch der Bergfried erhalten und wieder begehbar gemacht worden. Eine verzauberte Welt, zu der man sich die Schlüssel holen muß.

Für die **Geisterhöhle** im steilen Felsen direkt über der Donaubrücke gibt es den Schlüssel im Gasthaus „Zur Brücke" (montags Ruhetag), Tel. 0 73 75/2 57. Eine Taschenlampe sollten wir mitnehmen. Denn ohne Licht kommt man in der 53 Meter langen Höhle nicht weit. Sie verzweigt sich in mehrere Gänge. Knochen von Höhlenbären und Rentieren wurden gefunden. Auf Menschenspuren sind die Forscher nicht gestoßen. Ob sie deshalb „Geisterhöhle" heißt? Eine steile Treppe führt zu ihr hinauf, denn in grauer Vorzeit hatte sich die Donau noch nicht so tief eingegraben wie heute.

Zum Turm der Burg kann man über die Kirche hinaufsteigen. Oben kommt man direkt vor das verschlossene Tor, muß rechts am Geländer entlang und links durch ein kleines Steinloch schlüpfen. Irre! Den Schlüssel gibt es im großen weißen Haus rechts. Das hat einmal zur „Herrschaft" gehört. Innen im Turm kann man auf einer Tafel lesen, daß 1366 einer vom „Stain" Landvogt von Schwaben war. Damals ging die Redensart um, daß es gefährlich sei, sich mit einem „Stain" anzulegen.

Auch vom Turm herab sieht man die Donau. Doch ganz besonders malerisch ist sie unterhalb der zweitürmigen Kirche von Obermarchtal. Dorthin fährt man – oder geht die anderthalb Kilometer – vom Gasthaus „Zur Brücke" donauabwärts zum angezeigten Sportplatz. Wenn man denkt, es geht nicht mehr weiter, führt der schmale Fahrweg rechts über die Bahnlinie (*blaues Dreieck* und Hauptwanderweg 5 des Schwäbischen Albvereins). Da muß man scharf aufpassen, sie ist nur durch ein Lichtsignal gesichert, und die Züge kommen ziemlich oft! Unter den steilen Felsen, auf denen einmal die *Altenburg* thronte und jetzt Obermarchtal steht, fließt die Donau über ein Wehr.

Bei Rechtenstein mündet der wohl kürzeste Nebenfluß der Donau ein. Ob der Erdkundelehrer das weiß? Nur einen Kilometer lang ist die wasserreiche Braunsel. Ihre Quelltöpfe zu entdecken, kommt einer Expedition durch die Urwälder Amazoniens gleich. Will das jemand wa-

75

22 An der schönen grauen Donau

gen? Was da nämlich in der Ortsmitte von Rechtenstein angekündigt wird: „Zur Braunsel" – stimmt nicht ganz. Man folgt zwar beim „Bären" dem Hauptwanderweg 7 des Schwäbischen Albvereins und kommt durch den „Braunselweg" hinunter zur Donau – aber zu den Braunselquellen führt er nicht.

Burg Rechtenstein über der Donau

Der Weg an der Donau entlang zieht im „Naturschutzgebiet" (Hinweise beachten!) unterhalb des Hochwartfelsens dahin, der wegen sei-

An der schönen grauen Donau 22

ner Zerklüftung auch „Heidenküche" heißt. Bald wundert man sich, daß in einer Bucht das Wasser im Kreise herumzugehen scheint. Hier mündet die Braunsel in die **Donau** ein! Der Wanderweg (*Rotstrich, auch blaues Dreieck*) führt noch bis zu einer Brücke über die Braunsel – und dann bergauf, also von der Braunsel und den Quellen weg. Denn der Steilhang, an dessen Fuß sie entspringen, ist undurchdringlicher Urwald.

Aber: Wenn man vom markierten Weg aus vor Emeringen schon die Kapelle an der Straße sieht, biegt links rückwärts ein Feldweg ab. Der mündet etwas unterhalb in einen kalkweißen Weg. Den geht man abwärts bis zu den meist feuchten Wiesen an der Donau. Und nun – entweder barfuß oder mit Gummistiefeln – bleibt man hart links am Waldrand. Mehr als nasse Füße gibt es nicht. Nach 100 Metern hört man's plätschern, sieht aber im Sommer wegen des hohen Bewuchses von Rohr, Gras und Brennesseln noch nichts. Wenn man das Wasser sieht, kommt man nicht heran. Aber dann sind wir auch schon zu weit gegangen. Bereits dort, wo ein großer Haselbusch am Waldrand steht, muß man sich hinter ihm herumdrücken und steht plötzlich direkt über dem letzten **Gumpen**, dessen klares Wasser in ein breites, flachsandiges Bett fließt. Dicht daneben entspringt eine zweite und ein kleines Stück weiter eine dritte Quelle. Es wären noch mehrere, doch hinter der dritten dürfte die insgesamt sechs Kilometer lange Expedition wegen Undurchdringlichkeit des Dschungels scheitern. Die Braunselquellen aber hat man dann gesehen.

Wie kommt man nach Rechtenstein?

Rechtenstein liegt an der Straße zwischen Hayingen und Obermarchtal, unweit von Ehingen (B 465 und 311).

Kartenempfehlungen:

1 : 50 000 Landesvermessungsamt Baden-Württemberg Blatt F 20
            Sigmaringen – Ehingen
1 : 50 000 RV 11482 Mittlere Alb, Münsinger Alb

23 Taglich rauf und runter

Die Hoffinger Leit[er]
Von F. Link in Ebingen, mit 2 Zeichnungen von [...]

Schon lange und immer dringender bitten die Hoffinger Mitglieder, es möge auch einmal ihrer „Leiter" in den Blättern des Schwäbischen Albvereins gedacht werden. Dieser Wunsch ist auch ganz berechtigt. Ist doch gewiß ein solcher Verbindungsweg wie die Hoffinger Leiter, auf den ein ganzes Dorf in seinem Verkehr mit dem Thal zu bedeutender Abkürzung des Weges einzig und allein angewiesen ist, sehr merkwürdig und wohl kaum ein zweitesmal in ähnlicher Weise vorhanden. Das freundliche Filial-Dörfchen Hoffingen liegt, eines Besuches wohl wert namentlich wegen seiner aussichtsreichen und geschichtlich merkwürdigen Umgebung, auf der Albhochebene hinter dem Gräblesberg, teils an eine Höhe hingelehnt, zum größeren Teil jedoch in eine Einsenkung eingebettet. Mit dem Schmiechathal ist es durch die über Meßstetten nach Ebingen führende Straße verbunden. Zwischen Hoffingen und Meßstetten befindet sich unweit derselben der höchste Punkt der Gegend, der zwar unansehnliche aber eine ausgedehnte Aussicht gewährende Weichenwang (987 m hoch). Mit dem Eyachthal ist die Verbindung durch eine Steige nach Laufen und gegen das Beerathal hin durch eine solche nach Oberdigisheim hergestellt. Nördlich von Hoffingen, in einer kleinen halben Stunde wohl erreichbar, liegt der mächtige, dichtbewaldete Felskoloß des Gräblesbergs. „Durch riesige Steinwälle an der allein zugänglichen Südseite geschützt, starrt er, mit seinen drei übrigen Seiten in turmhohen Felswänden abbrechend, als unersteigliche Festung hinaus in das hier am reichsten und kühnsten gegliederte Eyachthal." (Vergl. Beschreibung des Oberamts Balingen, S. 50. 247). Der nächste Weg nun von Hoffingen nach dem Eyachthal hin, nach Lautlingen, führt gerade gegen eine steil abfallende Bergwand. Diese faßt, oben meist mit Felsen gekrönt, das stille und einsame, tief eingeschnittene Waldthal des Lauterbachs auf der Südseite ein. Im Westen erhebt sich mächtig anstrebend der Gräblesberg. Plötzlich findet der Pfad sein Ende, indem er an einem Fels[en] schwindelfrei zu [...]

fieldia calyculata
Pinguicula vulga[ris]

Aus den Albvereinsblättern von 1894

Zur Hossinger Leiter

Wenn auf der Landkarte eine „Leiter" vermerkt ist, und zwar an einer Steilstufe der Alb im Eyachtal, muß das schon etwas Besonderes sein. Heute noch? Sofern man ihre Geschichte kennt, auf jeden Fall! Der Pfarrer und Geologe Dr. Engel bezeichnet die Hossinger Leiter in seinem Alb-Reiseführer von 1900 als berühmt oder vielmehr berüchtigt: „Um nämlich in das wilde Brunnenthal abzusteigen, muß man eine fast senkrechte Felsenwand hinunterklettern, die bald hinter Hossingens Krautgärten nach dem Eintritt in den Wald gähnend in die Tiefe stürzt. Früher war hier eine hölzerne Leiter angebracht, welche das Volk beim Auf- und Abstieg benützte. Da aber öfters tödliche Abstürze hier vorkamen, wurde die Begehung dieses Fußsteigs eine Zeitlang verboten. Neuerdings aber wurden mit Hilfe des Albvereins Stufen in den Fels gehauen und mit eisernem Geländer versehen, so daß man jetzt ohne alle Lebensgefahr diese romantische Partie sich ansehen kann."

Zum Vergnügen ist „das Volk" die Leiter bestimmt nicht rauf- und runtergeklettert, und das Verbot wird auch nichts genützt haben. Denn mit der Eisenbahn war auch die Industrie gegen Ende des vorigen Jahrhunderts ins Eyachtal gekommen. Nicht wenige Hossinger fanden im Tal Arbeit, und wenn sie morgens „ins Geschäft" oder „auf den Zug" wollten, der die Pendler von Lautlingen nach Ebingen und Balingen brachte, mußten sie halt die Leiter hinunter. Das ging noch

23 Täglich rauf und runter

bis in die Mitte unseres Jahrhunderts hinein. Obwohl es schon eine Busverbindung gab, hatten viele das Fahrgeld dafür nicht übrig.

Aber da war die Hossinger Leiter auch längst nicht mehr so gefährlich, wie sie in den Albvereinsblättern von 1894 skizziert und beschrieben ist: „Der nächste Weg von Hossingen nach dem Eyachtal und Lautlingen führt gegen eine steilabfallende Bergwand. Plötzlich findet der Pfad sein Ende, indem er an einen Felsensteg anlangt. Jetzt gilt es, trittsicher und schwindelfrei zu sein, denn man muß sich nun wohl oder übel einer etwa zwanzig Sprossen zählenden Leiter anvertrauen. Eine kleinere, weiter unten befindliche, ist die Fortsetzung."

Mit dieser Vorstellung im Kopf muß man sich heute dem Absturz nähern, sonst sieht man nichts als eine mäßig hohe Treppe, die seitlich in ein dunkles, unheimliches Tal führt. Bis auf die fehlende Leiter ist alles noch genauso geblieben: Der Weg führt durch die Krautgärten – unterhalb der Kirche links durch die „Dorfstraße", aber kurz nach der Straßengabel rechts ab dem Schild nach „Hossinger Leiter, Gräbelesberg" (*rote Raute*). Hinter den Krautgärten geht's durch eine Wiesenmulde, dann beginnt die zunächst flache Klamm. Zwei Brücken führen hinüber und herüber – und dann kommt der Absturz! Genau hier war damals die Leiter senkrecht angelehnt! Das muß man sich genau anschauen. Heute führt die Treppe auf einen mit Geländer gesicherten Pfad, der hart an dem senkrechten Felsen dahinzieht.

Aber wir wollen gar nicht, wie seinerzeit die Pendler, hinunter nach Lautlingen, sondern bleiben oben, nachdem wir die Treppe und ein gutes Stück des einst so gefährlichen Weges kennengelernt haben. Oben, wo die Klamm beginnt, führt nämlich der Weg (Nr. *3* und *rote Raute*) zum **Gräbelesberg** weiter, immer am Bergrand aufwärts, zum Teil über Stufen. Später kommen auch Stellen, wo man die Kinder strikt ermahnen muß, auf dem Weg zu bleiben!

Wenn man den *Heimberg* hinter sich gelassen hat, steigt man bald nach der Senke zu einer vorgeschichtlichen Befestigungsanlage empor. Deshalb hat ja der 915 Meter hohe Gräbelesberg auch seinen Namen, weil auf der Landseite Gräben und vier bis fünf Meter hohe Wälle aufgeworfen sind. Hatten sich die Kelten hier verschanzt? Pfarrer Engel schreibt von einer der „gewaltigsten germanischen Volksburgen". Tatsächlich sieht der Gräbelesberg mit seinen steil abfallenden Wänden vom Tal her wie eine Bastei aus. Wahrscheinlich ist, daß auch die Alemannen später diese Bergfestung übernommen haben. In Hossingen – so Dr. Engel – ging lange das Gerücht, die Festung stamme von „Hannibal aus Afrika".

Eine Tafel erklärt alles. Am äußeren Wall soll man links ein Stück abwärts gehen, um das Ausmaß der Befestigung zu sehen. Wieder oben auf dem Randweg kommt man bald zum Hauptweg, der rechts zur Spitze des Gräbelesbergs führt. Wunderfitzige können auf dem Randweg rechts ein nicht eingeschranktes(!), großes Loch anschauen, etwa

Täglich rauf und runter 23

So bequem war die Leiter früher nicht

23 Täglich rauf und runter

vier Meter tief! Unten sieht es so aus, als ob da ein Gang weiterführe. Es soll sich aber um eine natürliche Spalte handeln, die eingebrochen und zugeschüttet ist. Früher hat man sich erzählt, es sei ein Fluchtgang für die Belagerten gewesen.

Zurück nach Hossingen gehen wir auf dem breiten Weg und kommen im Wald durch den inneren und am Waldausgang durch den äußeren Befestigungswall. Zwischen Wiesen geht es zum *Wanderparkplatz Heimberg* und weiter auf dem nun geteerten Weg nach Hossingen – „Laufener Straße", *rote Raute* – hinein. Die ganze Runde ist etwa sechs Kilometer lang.

Wie kommt man nach Hossingen?

Zwischen Balingen und Albstadt-Ebingen (B 463) biegt in Laufen ein Waldsträßchen durch das Tobeltal (Naturschutzgebiet) aufwärts in Richtung Tieringen/Hossingen. Früher sind in diesem Tal (Aufschlüsse auch an der Straße) viele Versteinerungen gefunden worden. Oben geht es links nach Hossingen. Parkmöglichkeiten im Ortskern. Wegweiser beim Rathaus. Unterhalb der Kirche steht das Heimatmuseum (geöffnet: ganzjährig dienstags bis sonntags 14.00 bis 17.00 Uhr, montags Ruhetag). Ganz in der Nähe liegen ein Stausee zum Schwimmen und Spielen bei Oberdigisheim (siehe 8) und das große Bade- und Freizeitzentrum „Badkap" in Albstadt. Über Meßstetten geht es ganz schnell hinunter nach Lautlingen – gleich dahinter liegt es am Berg mit seinem großen Wellenbrandungsbad und den warmen Becken im Freien. Öffnungszeiten: täglich ab 9.00 Uhr.

Kartenempfehlungen:

1 : 50 000 Landesvermessungsamt Baden-Württemberg Blatt F 26 Naturpark Obere Donau
1 : 50 000 RV 11480 Naturpark Obere Donau

Helm auf und Gummistiefel an! 24

Schaurig schön: Die Todsburger Höhle

„Normale" Eltern werden meutern. In diese Höhle bringen sie keine zehn Pferde, wo man schon am Anfang nicht weiß, wo's lang geht. Größere Kinder – etwa ab zehn – brennen aber darauf, sich in dieses Abenteuer zu stürzen. Gerade wenn sie hören, daß die Höhlenbefahrung nicht einfach ist, weil sie bei steinigem, unebenem Grund durch Wasserpfützen waten und sich oft tief bücken müssen; und daß sie Schutzkleidung (alten Anorak, Skianzug), Kopfschutz (Helm) und Gummistiefel brauchen. Auf 110 Meter Länge läßt sich die gewundene Höhle erkunden. Sie bietet so viel Schönes und Schauriges, daß sich Kinder wie Helden in einer phantastischen Geschichte vorkommen, die in dieser Unterwelt Drachen besiegen und Königstöchter befreien müssen. Wer eine solche Höhle „schafft", darf sich etwas einbilden.

Leichter passierbar ist die Todsburger Höhle nach längeren Trockenzeiten. Aber auch bei Trockenheit stehen im *Nymphenbad* und in der schönsten Halle mit den großen Sinterbecken kleine Teiche. Die Sinterbecken, teils leer, weil mutwillig beschädigt – teils mit glasklarem Wasser gefüllt, sind das Eigenartigste an dieser Höhle, die viele Tropfsteinbildungen enthält: Säulen, Stümpfe, Kaskaden, Vorhänge. Man sollte sich viel Zeit zum Umschauen lassen. Wegen der Trittsicherheit geht es ohnehin nur langsam voran. Je stärker die Taschenlampen, um so mehr wird von den Schönheiten sichtbar: an den Wänden, an der Decke, in den Klüften und Nischen. Es ist einfach wunderbar.

Tatsächlich war um 1895 die Todsburger Höhle für kurze Zeit Schauhöhle. Enge Stellen wurden erweitert, Bretter über die Wasserstellen gelegt, Besucher kamen. Aber in kurzer Zeit waren viele Tropfsteine abgeschlagen, die bis zu einem Meter hohen Sinterbecken zerstört, die Höhle von Fackeln rußgeschwärzt. Dann geriet sie wieder in Vergessenheit.

Wer heute den Zugang gefunden hat, steht vor einer verschlossenen Gittertür und erfährt auf einem Schild: „Liebe Besucher! Das Naturdenkmal Todsburger Höhle bleibt zum Schutz vor Beschädigungen ganzjährig verschlossen. Begehungen sind im Einzelfall in der Zeit vom 16. April bis 14. November möglich. Der Schlüssel für das Tor kann beim Bürgermeisteramt Mühlhausen (Tel. 0 73 35/9 60 10) oder beim Wirtshaus „Zum Eseleck", Gosbacherstraße 15 in Mühlhausen (Tel. 0 73 35/52 75) entliehen werden". Zum Staatlichen Forstamt in Weilheim/Teck, das ebenfalls angegeben ist, wird sich wohl niemand bemühen wollen. Also nimmt man den Schlüssel – gegen Legitimation – am besten im Wirtshaus „Zum Eseleck" mit. Es steht unmittelbar an der Auffahrt zur Höhle und zu den *Eselhöfen*. Hinter dem Höhleneingang muß man sich auf der rechten Spur halten! Bald geht es rechts herum, immer schön langsam. Oft hängt die Decke tief herunter. Und dann kommt die erste nasse Stelle. Gut, wenn man jetzt einen Stock

24 Helm auf und Gummistiefel an!

dabei hat und die Tiefe ausmessen kann. Kniehohe Gummistiefel reichen aber gewöhnlich aus. Sie bleiben mitunter schier im Lehm stekken. Dann kommt die Halle mit den Sinterbecken, Tropfsteinen und versteinerten Wasserfällen. Manche Stellen sind ganz weiß von „Montmilch". Hier bilden sich neue Sinterformationen.

Am zweiarmigen Höhlenschluß sind noch mal schöne Tropfsteine zu sehen. Es gibt einen ganz niederen Schluf, der in eine weitere kleine Halle führt, aber der ist richtigen Höhlenforschern vorbehalten, weil man da auf dem Bauch hindurchrobben muß. Wir kehren hier um und genießen die Naturwunder jetzt aus einem anderen Blickwinkel neu. Mancher wird froh sein, wenn er bei der letzten Kehre ganz hinten wieder Tageslicht schimmern sieht. Der eigene Anblick vor der Höhle ist dann weniger erfreulich. Wasser im Auto ist wichtig, damit man sich waschen kann.

Nie ohne Wasser: die Todsburger Höhle

Wie kommt man zur Todsburger Höhle?

Mit dem Auto fährt man auf der A 8 bis zur Ausfahrt Mühlhausen und weiter in Richtung Wiesensteig. Bei der Kirche in Mühlhausen, am Gasthaus „Zum Eseleck", zweigt links die Kohlhaustraße ab (Wegweiser: Eselhöfe). Es geht nach rechts unter der Autobahn hindurch und lange Zeit über der Autobahn hin. Nach einer Linkskehre kommt man schnell in die Höhe, muß aber schon am Waldausgang parken. Links ist dafür ein breiter Randstreifen im Gras freigehalten. Gleich dahinter führt ein Trampelpfad links durchs Unkraut und links ab-

Helm auf und Gummistiefel an! 24

wärts in eine „Klinge", die sich als der frühere Weg nach Mühlhausen entpuppt. Aber von diesem Weg aus führt nach etwa 150 Metern eine erkennbare Spur halbrechts steil aufwärts bis zu einer lose aufgesetzten Steinmauer vor dem Höhleneingang. Ein Steig führt hier auch aufwärts! Also kann man gleichfalls von oben zur Höhle absteigen.

Kartenempfehlungen:

1 : 50 000 Landesvermessungsamt Baden-Württemberg Blatt F 18
            Reutlingen – Bad Urach
1 : 50 000 RV 11481 Blaubeurer Alb, Ulmer Alb

25 Auf dem roten Teppich

„Fürstens" besuchen in Sigmaringen

Noch heute läßt sich in Sigmaringen Hofluft schnuppern, denn es war bis 1849 Hauptstadt eines unabhängigen Fürstentums. Die Standbilder schon dahingegangener Landesväter zu Fuß und zu Pferde blicken wohlgefällig auf das Treiben in der engen Altstadt. Geschäfte führen stolz den Titel „Hoflieferant", „Hofkonditorei" und „Hofapotheke". Es ist fast wie im Märchen, wenn wir zum Schloß emporsteigen, um dem Fürsten einen Besuch abzustatten. Der sitzt natürlich nicht an der Kasse. Die hohen Herrschaften lassen sich nur im Ahnensaal bewundern.

Die Zeit bis zur nächsten **Schloßführung** kann man angenehm im Museum verbringen, wo Filzpantoffel zur Freude der Kinder übergezogen werden müssen. Das erlaubt einen eleganten Schlittschuhschritt. Die vielen gesammelten Kunstschätze (eigene Eintrittskarte) lassen schon ahnen, welche Kostbarkeiten uns im Schloß erwarten. Aber Geduld! Erst geht es steil durch einen finsteren Tunnel, in dem viele alte Waffen hängen. Aufgang und Bergfried sind die ältesten Teile der ehemaligen Burg, die schon im 11. Jahrhundert kühn auf den von der Donau umflossenen Felsen gesetzt wurde. Mehrfach hat man sie umgebaut – und das Schloß im 19. Jahrhundert „romantisiert".

Die Prunkräume, in denen für Besucher der rote Teppich ausgerollt ist, sehen noch genauso aus, als ob die fürstliche Familie sie gerade erst verlassen hätte. Bis 1944 hat sie dort gewohnt. Dann mußte sie der von den Deutschen gelenkten französischen Vichy-Regierung Platz machen. Die wurde nach der Invasion der Alliierten im Schloß Sigmaringen einquartiert. Monsieur und Madame Laval haben in den Riesenbetten geschlafen – aber sicher kein gutes Gewissen als Ruhekissen gehabt.

Wenn sich die Kinder vielleicht gerade bei soviel Plüsch und Glanz anfangen zu langweilen, wird es für sie spannend! In der Hubertushalle sehen sie viele ausgestopfte Tiere und Geweihe. Und dann geht es hinunter in eine der größten privaten Waffensammlungen. Da stehen die Ritterrüstungen nur so herum. Kurios sind die Eisenmasken für Pferde, denn die mußten auch ihren Kopf hinhalten. Lanzen sind zu sehen, mit denen sich die Ritter aus dem Sattel gehoben haben; eiserne Bolzen für die Armbrust, Hellebarden und Schwerter. Damit ist man sich früher auf den Leib gerückt, Mann gegen Mann.

Harmlos sehen noch die Steinkugeln als Geschosse aus. Später wurden die Mordinstrumente immer raffinierter. Alle möglichen Modelle von Feuerwaffen werden gezeigt, und es wird auch erklärt, wie sie funktionieren. Die Eintrittskarte gilt ebenfalls für das **Marstall-Museum** unterhalb des Schlosses. Da stehen alte Kutschen, Kaleschen und Schlitten, sogar noch Sänften, in denen die hohen Herrschaften getragen wurden. Was ist dagegen ein „Märchenland" aus Pappe und Plastik? In Sigmaringen ist alles echt.

Auf dem roten Teppich

Fahren wir noch nach *Inzigkofen* oder in den *Wildpark Josefslust*? Beide Anlagen sind Eigentum des Fürstenhauses Hohenzollern-Sigmaringen und stehen Besuchern bei freiem Eintritt offen. Mit dem Auto kommt man – über Laiz – sehr schnell nach **Inzigkofen**. Aufpassen: dort gilt der Wegweiser „Volkshochschulheim"! Durch die „Kirchstraße" geht es zum ehemaligen Kloster (Volkshochschulheim) und zur Sommerresidenz des Fürstenhauses. Um 1820 wurde auf Wunsch der Prinzessin Amalie Zephyrine der romantische Park an dem Steilhang über der Donau angelegt. Ein natürliches Grottensystem, Felsentore und Aussichtspunkte wurden mit Stegen und Stiegen erschlossen. Es kostet fast ein bißchen Mut, über die **Teufelsbrücke** zu gehen und dabei in die Tiefe zu schauen. Der leitende Architekt soll damals gesagt haben: „Der Teufel soll so eine Brücke bauen!" Niemand sollte den Abstecher zu den aufregenden Grotten versäumen. Am Parkeingang hängt ein Übersichtsplan, auf dem man sich leicht orientieren kann.

Sehenswert für groß und klein ist das **Bauernmuseum** in der alten Zehntscheuer des Klosters mit altem bäuerlichen Gerät und Wagenpark. Kindern imponiert besonders der Schäferkarren und der Leichenwagen. Öffnungszeiten: Von Mai bis Oktober jeden 1. und 3. Sonntag im Monat von 14.00 bis 17.00 Uhr (Eintritt) und nach Absprache mit Erich Beck, Tel. 0 75 71/5 24 15.

Zum **Wildpark Josefslust** sind es nur wenige Kilometer in Richtung Pfullendorf-Krauchenwies. Gegenüber dem Eingangstor liegt ein Parkplatz. Im Gehege werden Wildschweine gehalten. Im Durchgang des Forsthauses steht ausgestopft hinter Glas einer der letzten Wölfe,

Alte Kutsche im Marstall-Museum

25 Auf dem roten Teppich

die auf der Alb geschossen wurden. (Womöglich ist er immer noch beim Präparator zwecks Auffrischung!) Ein Plan am Parkeingang macht Lust auf eine längere Pirsch durch den Wildpark mit seinen herrlichen alten Bäumen, Wildwiesen und Weihern. Mittendrin liegt ein schöner Rastplatz mit Feuerstelle und Brunnen.

Wie kommt man nach Sigmaringen?

Über die Alb ist die Zufahrt durchs Laucherttal besonders schön. Sigmaringen liegt am Schnittpunkt der Bundesstraßen 32 und 313. Öffnungszeiten im Schloß Sigmaringen (Eintritt): November, Februar bis April täglich von 9.30 bis 16.30 Uhr; Mai bis Oktober täglich 9.00 bis 16.45 Uhr; Dezember und Januar nur Reisegesellschaften nach Voranmeldung. Tel. 0 75 71/72 92 30.

Kartenempfehlungen:

1 : 50 000 Landesvermessungsamt Baden-Württemberg Blatt F 26 Naturpark Obere Donau
1 : 50 000 RV 11480 Naturpark Obere Donau

Durchs „Finsterloch" 26

Die Höhlen am Rosenstein

Sämtliche Löcher, Nischen und Höhlen am stark zerklüfteten Rosenstein bei Heubach sind wohl nur den Höhlenforschern bekannt. Neugierigen reicht es, wenn sie bei der Umrundung dieser Berghalbinsel mindestens vier Höhlen kennenlernen. Wer sie bis in den letzten Winkel erforschen will, braucht natürlich mehr Zeit. Die sollten wir uns auch nehmen, selbst wenn die *Teufelsklinge* und das *Himmelreich* zu weiteren Unternehmungen locken.

Der Teufel soll nämlich bei der schönen Aussicht vom Rosenstein den Heiland versucht haben, er wolle ihm alle Reiche der Welt zeigen. Der Herr jedoch widerstand, verbannte Satan in die Teufelsklinge, trat zum Scheuelberg hinüber und zog sich ins Himmelreich zurück. Vertiefungen im Fels hüben und drüben wurden lange als „Herrgottstritte" verehrt.

Vom Parkplatz weg, der schon weit oben am Rosenstein liegt, führt ein bequemer Weg (*rotes Dreieck*) zur Burgruine und der angezeigten „Waldschenke" (Juli, August kein Ruhetag, sonst donnerstags). Da läßt sich bei der Einkehr angenehm im Freien sitzen. Nebenan sind Spielgeräte aufgebaut. Von hier schwärmen wir zur ersten, recht harmlosen **Drei-Eingangs-Höhle** aus. Es geht direkt über den Spielplatz und in Serpentinen nur kurz abwärts. Da führen die drei Löcher in die Höhle hinein. Taschenlampen sind nötig, denn die Höhle ist ziemlich lang. Davor liegt ein geräumiger Platz mit einem Felsendach, so richtig gemütlich für Höhlenmenschen. Tatsächlich haben sie in der Steinzeit hier Unterschlupf gesucht und einige Werkzeuge zurückgelassen. Auch in der **Kleinen Scheuer** unterhalb des Burgfelsens lebten zeitweise Mammutjäger. Zu dieser nur 26 Meter langen Höhle müßten wir auf dem Wanderweg nach Heubach ein Stück absteigen.

Nach diesen Abstechern bleibt Zeit für die **Ruine Rosenstein** und den **Aussichtspunkt Lärmfelsen**. Wer hier Lärm gemacht hat? Vielleicht von diesem höchsten Punkt der Burgstelle die Ausschau haltenden Wachen, wenn sie etwas Verdächtiges bemerkten.

Schon vor unserer Zeitrechnung war diese Bergspitze durch Wälle und Gräben gegen Feinde gesichert. Für eine Burg war das im 12. Jahrhundert der richtige Platz. Sie gehörte zunächst den Grafen von Lauterburg. Dieser Ort liegt ganz in der Nähe. Er besitzt noch eine merkwürdige Burgruine. Die sieht so mürbe aus, daß man kaum hinzusehen wagt, ob sie wohl den Blick noch aushält. (Wegen Einsturzgefahr ist der Zugang verboten.) Später wohnten die Ritter von Rosenstein auf der Burg Rosenstein. Vermutlich ist sie im Bauernkrieg zerstört worden.

Zur Umrundung des Rosensteins muß man von der Ruine wieder den Weg zum Parkplatz einschlagen. Aber schon nach 300 Metern weist ein Schild nach links: „Randweg, Große Scheuer, Finsterloch".

26 Durchs „Finsterloch"

Die *rote Gabel* ist unser Wegzeichen. Der alte Randweg mit der großartigen Aussicht liegt jedoch etwas weiter zur Kante als der sichere, bequeme Weg.

Nach einer knappen halben Stunde zieht ein Hohlweg mit Eisengeländer abwärts in die **Große Scheuer**. Das steht deutlich angeschrieben. So eine merkwürdige Höhle hat wohl noch keiner gesehen. Es ist eine riesige Halle mit drei großen Öffnungen ins Freie. Bei der letzten verläuft ein schmaler, gewundener Pfad am Felsen links abwärts zum nahen „Haus". Auch da haben Menschen gewohnt, sogar noch im Mittelalter. Wenn man zum hohen Eingang hinaufgeklettert ist, kann man sich gut vorstellen, daß diese 30 Meter tiefe Höhle, reich mit Felsblöcken „möbliert", einer ganzen Sippe als Wohnraum dienen konnte. Im Winter hängen in der Großen Scheuer Eiszapfen von der Decke und „Eismännchen" wachsen vom Boden empor. Ein phantastisches Bild, das man natürlich nur bei oder nach Frostperioden zu sehen bekommt.

Man muß wieder zurück zum Rundwanderweg und ist in einer Viertelstunde beim **Finsterloch** angelangt, zu dem man links etwas absteigen muß. Die Gittertür ist im Sommer geöffnet. Einladend bequem ist der Eingang der 133 Meter langen Höhle. Gefährlich ist sie nicht, wenn man auf den unebenen Boden achtet und an einigen niederen Stellen den Kopf einzieht. Natürlich braucht man starke Taschenlampen und die Eltern als Begleiter.

Vor der Drei-Eingangs-Höhle

Durchs „Finsterloch" 26

Etwa in der Mitte öffnet sich ein Fenster zur Außenwand. Dahinter geht es aufwärts. In der kleinen Halle muß man sich rechts halten, dann ist der hintere, versperrte Ausgang bald erreicht. Und wer wollte denn auch auf den Rückweg durch das „finstere Loch" verzichten, das nun von rückwärts her wieder ganz andere Bilder liefert? Ab und zu muß man stehenbleiben und im Lichtkegel der Taschenlampe Wände und Decken betrachten. Immer wieder ist etwas Besonderes zu sehen.

Ist man dem Finsterloch glücklich entronnen, kommt man bald auf den breiten Weg zwischen Parkplatz und Waldschenke und kann sich entscheiden, ob das Abenteuer schon zu Ende sein soll. Zu Fuß läßt es sich in einer knappen Stunde vom Parkplatz zur **Ruine Lauterburg** hinüberspazieren – auf dem Hauptwanderweg *1* des Schwäbischen Albvereins. Dahin fahren kann man natürlich auch, aber dann unten herum, über Heubach und Lautern.

Von Heubach aus lassen sich die Ziele **Teufelsklinge** und **Himmelreich** so weit als möglich auch mit dem Auto ansteuern. An der Straße nach Bartholomä liegen auf der Höhe zwei Parkplätze einander gegenüber. Der „Gmünder Weg" (*rote Raute*) führt nach rechts zum „Bargauer Kreuz" und weiter ins „Himmelreich". Mit Kindern kann man schon nach einem starken Kilometer zur „Teufelsklinge" (*Nägelberg/ rote Raute*) und dem dort nach Regenperioden stark fließenden Wasserfall absteigen. Wer ins „Himmelreich" will, kann dort im Naturfreundehaus einkehren und zu möglichen Fundplätzen für Versteinerungen am Scheuelberg weiterpirschen. Man kann auch bis zum Ortsteil Beuren fahren. Der Aufstieg zum „Himmelreich" ist dann verhältnismäßig kurz.

Wie kommt man zum Rosenstein?

Auf der B 29 geht es nach Schwäbisch Gmünd und weiter nach Heubach. Dort folgt man der Hauptstraße erst nach rechts, dann links am Rathaus vorbei und fährt unter dem „Triumphbogen" hindurch. Dahinter führt eine Fahrstraße links aufwärts zum „Parkplatz Rosenstein, Fernsehturm". Der kleine Parkplatz im Tal zählt noch nicht!

Kartenempfehlungen:

1 : 50 000 Landesvermessungsamt Baden-Württemberg Blatt F 15 Göppingen – Geislingen
1 : 50 000 RV 11484 Kaiserberge, Filstal

27 Versteinerungen auf der Hirschhalde

Freizeitspaß in Heidenheim

Wenn man im Museum auf Schloß Hellenstein die Schaukästen betrachtet, packt einen der gelbe Neid. Was da alles für herrliche Versteinerungen in der Umgegend gefunden worden sind! Das „Nattheimer Korallenriff" war einstmals berühmt. Korallenstöcke, einzelne Schwämme, wunderschöne Seeigel, Muscheln, Schnecken und Seelilien kamen da zum Vorschein. Dort noch hinzugehen und zu suchen hat gar keinen Wert. Es gibt nichts mehr. Alles ist zugeschüttet worden. Über diese Enttäuschung trösten auch die 45 000 gesammelten Käfer des Lehrers aus Oberstotzingen nicht hinweg, die er dem Heimatmuseum vermacht hat.

Aber wir können trotzdem Versteinerungen finden. Im Brenztal gibt es etwas ganz Besonderes: den sogenannten Brenztal-Trümmer-Oolith. Das ist eine im Meer abgelagerte Schicht im obersten weißen Jura, durchsetzt mit den Trümmern vieler Muscheln, Seeigel, Korallen und Schnecken, ein helles, schimmerndes Kalkgestein. Und natürlich findet man hin und wieder auch ganze Muscheln und Schnecken darin. Wo? Auf der Hirschhalde, oberhalb von Schnaitheim, das jetzt nach Heidenheim eingemeindet ist.

Der **Steinbruch**, den schon um 1900 der bekannte Geologe und Pfarrer Dr. Engel als Fundstätte großartiger Versteinerungen rühmte, ist längst aufgelassen. Das einst so beliebte Jagdgebiet der württembergischen Herrscher ist ein schöner Platz zum Spielen, für Entdeckungsreisen und für ein gemütliches Lager unter Bäumen und Büschen. Es gibt auch zwei Feuerstellen.

Wenn man von Heidenheim in Richtung Schnaitheim (Aalen) fährt, schaut man natürlich verzweifelt nach links, ob da irgend etwas von „Hirschhalde" angeschrieben steht. Nichts. Einen Kilometer hinter „Mittelrain", bevor die Straße nach rechts biegt, fährt man links die „Steigstraße" hinauf. Oben am Waldrand bei den hohen Bäumen fährt man halbrechts ab zum Parkplatz. Dann geht man am Waldrand zurück. Bei der Schranke führt ein gelbgekiester Promenadenweg ins Gelände und umrundet die erhöhte Mitte. Aber gerade die hat es in sich: Wenn man deshalb bei der Schranke halblinks am Waldrand entlang und in den Wald hineingeht, steht man bald vor den vielen Spalten, Gruben, Vertiefungen, Aufschlüssen, wo Steinbrocken nur so herumliegen. Sind sie verwittert, sehen sie unscheinbar grau aus. Aufgeklopft glänzen sie wie Elfenbein. Die Hirschhalde ist Landschaftsschutzgebiet; man muß auf die Bestimmungen achten.

Auch auf dem gegenüberliegenden Moldenberg hat es Steinbrüche im Trümmer-Oolith gegeben. Von der Straße nach Nattheim sieht man in den größten hinein. Man könnte auch zur „Sportanlage Moldenberg" hinauffahren (Burgstraße) und weiter in Richtung „Schützenhaus" den „Steinbruchweg" entlangwandern. Ein Naturlehrpfad

Versteinerungen auf der Hirschhalde 27

vermittelt viel Wissenswertes, aber beim kleinen Steinbruch mit dem Bienenstand ist nicht mehr viel zu entdecken. Gar kein Vergleich zur Hirschhalde!

Doch zurück zum **Schloß Hellenstein**. So ein altes Gemäuer macht auf Kinder immer Eindruck: die große Kanone, der tiefe Brunnen, Tore und Mauern. Inzwischen ist auch das „Museum für Kutschen, Chaisen und Karren" eröffnet worden. Wer entdeckt dort als erster den Prunkschlitten, an dem gerade noch die Füße des biblischen Jonas aus dem Walfischmaul herausschauen?

Neben dem Schloß liegt der riesengroße **Freizeitpark Schloß Hellenstein** mit Naturtheater, Waldspielplatz und einem Wildpark, wo man von Aussichtskanzeln herunter Hirsche, Gemsen, Steinböcke, Muflons und Wildschweine beobachten kann. Der bei Kindern sehr beliebte Streichelzoo liegt nicht im Wildpark, sondern unterhalb des Schlosses. Der Wegweiser ist nicht zu übersehen.

Wenn man am Schloß neben der Kanone steht und auf die Stadt hinunterschaut, muß man sich vorstellen, daß da unten im 1. Jahrhundert unserer Zeitrechnung die Römer ein wichtiges Reiterkastell gebaut hatten. Es dauerte aber nicht lange, dann wurde die Grenze weiter vorgeschoben und die Elitetruppe Ala II Flavia ins neue Kastell Aalen verlegt. Die römischen Siedler blieben einstweilen in der entstandenen Stadt – bis sie zurückgedrängt wurden. Als sich später die Alemannen an der Brenz niederließen, bauten sie ihre Häuser und Höfe über den Ruinen der „Heiden". So entstand „Heidenheim".

Bei Neubauten stieß man immer mal wieder auf antike Reste. Aber als die Post mit einer Großbaustelle beginnen wollte, kam im Untergrund die umfangreichste und besterhaltene römische Badeanlage Südwestdeutschlands zum Vorschein! Sie wurde als **Museum** ausgebaut. Man findet es leicht, denn es liegt im neuen Postgebäude in der Nähe des Bahnhofs. Auf einem Holzsteg spaziert man in einem dunklen Raum über den hell ausgeleuchteten Ruinen dahin und wird an Tafeln, Bildern und Schaukästen umfassend unterrichtet: über den Limes, die Römer, ihre Badelust – und ihre Vergeßlichkeit. Sie haben nämlich Ohrlöffel, Manikürgeräte und sogar Kleingeld im Bad liegengelassen. Die Nachwelt freut sich über diese Funde. Man darf auch in die Ruinen hinuntersteigen und in den tiefen Brunnen mit Hilfe eines Spiegels schauen. Eine Tonbildschau stellt „Das römische Heidenheim" vor.

Das Museum bietet neben den ständigen Ausstellungen ein reichhaltiges Programm an Sonderveranstaltungen – auch für Kinder! Besonderen Spaß macht ihnen die „Römische Modenschau", wobei sie selbst in Toga und Tunika herumspazieren dürfen. Dabei gibt's nicht viel zu nähen, aber der Faltenwurf ist wichtig! Strick um den Leib, und schon hat das Gewand die richtige Paßform. Oder sie dürfen nach römischen Vorbildern töpfern und sich beim Korbflechten versuchen. Wann?

27 Versteinerungen auf der Hirschhalde

Das steht im Halbjahresprogramm, welches das Museum im Römerbad zuschickt: Theodor-Heuss-Straße 3, 89518 Heidenheim.

Gebadet wird in Heidenheim auch heute noch sehr eifrig: Im Sommer im schönen **Waldfreibad** mit Warmbadebecken für Kleinkinder und drei beheizten Schwimmbecken (Rutschbahn), Liegewiesen und Spielplätzen – und das ganze Jahr über im **Hallenfreizeitbad „Aquarena"**. Das Außenbecken hat 32°C. Drinnen im Sportbecken sind es 26 °C. Vieles, was Besuchern Spaß macht, gehört dazu: Sauna, Solarium, Fitneßbereich – bloß Wellen gibt es keine, die muß man selber machen.

Wie kommt man nach Heidenheim?

Heidenheim liegt im Schnittpunkt der Bundesstraßen 466 (über Geislingen a. d. Steige) und 19 (aus der Richtung Ulm). Von der B 466 her liegt das Waldfreibad am Ortsanfang (Jahnstraße) links. Die Auffahrt zum Schloß einen starken Kilometer weiter rechts (Schloßhaustraße).

Öffnungszeiten:

Das Waldfreibad hat von Mai bis September, je nach Witterung (Eintritt) ab 8.00 Uhr geöffnet, mittwochs ab 6.00 Uhr, 0 73 21/4 41 00. Das Hallenfreizeitbad „Aquarena" (Eintritt) montags 12.00 bis 21.00 Uhr, dienstags bis freitags 8.00 bis 21.00 Uhr, samstags und sonntags 9.00 bis 18.00 Uhr, 0 73 21/32 81 30.

Museum Schloß Hellestein (Eintritt): von Ostern bis 31. Oktober täglich außer montags von 10.00 bis 12.00 Uhr und 14.00 bis 17.00 Uhr, Tel. 0 73 21/4 33 81

Museum im Römerbad (Eintritt) mittwochs bis sonntags von 10.00 bis 12.00 Uhr und 14.00 bis 17.00 Uhr, Tel. 0 73 21/3 27-3 97.

Das Museum für Kutschen, Chaisen und Karren (Zweigmuseum des Württembergischen Landesmuseums) ist vom 15. März bis zum 30. November täglich (außer montags) von 10.00 bis 12.00 Uhr und von 14.00 bis 17.00 Uhr geöffnet, Tel. 0 73 21/3 27-3 94.

Kartenempfehlungen:

1 : 50 000 Landesvermessungsamt Baden-Württemberg Blatt F 16 Aalen – Heidenheim
1 : 50 000 RV 11483 Härtsfeld, Heidenheimer Alb

Eisen läßt sich aufsammeln 28

Zu den ältesten Bohnerzgruben auf der Ostalb

Bei einem Ausflug nach Heidenheim kann man unglaublich viel erleben. Ganz in der Nähe liegen die ältesten Bohnerzgruben der Alb mitten im Walde. Sie sind schon seit langem verlassen und haben sich zum großen Teil mit Wasser gefüllt. Die „Wagnersgrube" ist reich mit Seerosen bewachsen, deren Samen Wildenten eingeschleppt haben müssen. Die noch größere „Ilgengrube" gleicht einem kleinen See – sofern man sie entdeckt hat. Beide sind Naturdenkmale.

Ganz anders sah es aus, als hier oben in St. Margareten noch die Erzknappen tätig waren und die Bauern mit ihren Gespannen das im Tagebau gewonnene Bohnerz auf den „Erzwegen" hinunter in die Hüttenwerke führten. In Königsbronn hatten die Mönche des Zisterzienserklosters schon im 14. Jahrhundert von Kaiser Karl IV. das Recht bekommen, Erze zu graben und zu verarbeiten. An den beiden starken Karstquellen der Pfeffer und der Brenz bauten sie ein Hüttenwerk und die Hammerschmiede, denn Wasserkraft brauchte man zum Betreiben von Maschinen.

Ein Ausflug zu den Erzgruben wäre ohne den Besuch im **Torbogen-Museum** von Königsbronn aber wie ein Fernseher ohne Strom. Erst dort wird die Geschichte der Erzgewinnung und -verhüttung lebendig. Auch Proben des erzhaltigen Gesteins sind ausgestellt. Allerdings muß man sich von den gezeigten Bohnerzbrocken den Lehm wegdenken, sonst sucht man später im Gelände nach Bohnerzen vergeblich. Schade, daß zu den alten Bohnerzgruben keine wegweisende Spur von hübschen, kleinen, glänzenden Bohnerzen ausgelegt ist. Aber man findet die Gruben auch so – und vielleicht sogar Bohnerze, wenn man in der Erde grubelt.

Zuerst wird die Landkarte studiert. O Schreck! Genau über den Wald St. Margareten, wo jahrhundertelang die Erzknappen schürften und viele Gruben zurückließen – auf der Karte wimmelt es nur so von Löchern und blauen Punkten –, zieht jetzt die neue Autobahn und trennt die „Wagnersgrube" von der „Ilgengrube". Dabei liegen beide dicht beieinander. Es gibt jedoch einen Durchlaß unter der Autobahn; man muß nur etwas weiter marschieren.

Ein Wanderweg (*rote Gabel*) führt von Heidenheim aus zur „Wagnersgrube" (hintern Bahnhof durch die „Seestraße", knapp fünf Kilometer). Ausgehend vom Parkplatz „Ziegelhütte" jedoch, südlich von Nattheim, entdeckt man auf einem Rundweg noch mehr Gruben. Dorthin fährt man auf der B 466a (Zubringer zur A 7) von Heidenheim in Richtung Nattheim, unter der Autobahn hindurch, und bei der Querstraße rechts auf Oggenhausen zu. Nach einem Kilometer liegt ein Parkplatz links bei der Ziegelhütte. Auch er gehört zum „Jubiläumsweg Schwäbischer Albverein Nattheim", der zu den Bohnerzgruben führt.

28 Eisen läßt sich aufsammeln

Zu Fuß geht es über die Straße und den Feldweg am Waldrand leicht aufwärts, im Wald geradeaus weiter auf dem „Ascherhauweg". An der Wegteilung bleiben wir zunächst links und biegen erst bei der Hütte nach rechts. Da liegen schon etliche Trichter am Weg, wo früher das Bohnerz herausgeholt wurde. Diese etwa bohnengroßen Erzstücke lagen meist in dicken Schichten in Mulden oder Schächten, wohin das Wasser sie zusammengeschwemmt hatte.

Und wie kommt das Eisen auf die Alb? In den rötlich-braunen Schichten des Jura steckt Eisen. Bei der Verwitterung dieser Schichten bildeten sich im Lehm kleine oder auch größere Knollen, die etwa 25 bis 40 Prozent Eisen enthalten. Man findet sie an vielen Stellen auf der Alb. Bohnerze wurden zuerst aufgesammelt und erst später bergmännisch in großen Mengen gefördert.

Am Ende des „Ascherhauwegs" stoßen wir auf den „Rinderbergweg" und die *rote Raute*. Es geht links aufwärts in die angegebene Richtung „Heidenheim". Wo dieser markierte Weg nach einem knappen Kilometer nach links abknickt, könnte man mit Kindern geradeaus weitergehen. Links öffnet sich zwischen den alten Abraumhügeln eine Senke. Auffallend ist die rote, eisenhaltige Erde. Aber alles ist so verwachsen

Die „versoffene" Wagnersgrube

Eisen läßt sich aufsammeln 28

und verkrautet, daß man wie ein Storch die Füße heben muß, um einen Blick auf den langgestreckten „See" zu erhaschen. An ihm entlangzupirschen ist unmöglich geworden. Deshalb zurück zum Wanderweg und auf ihm weiter bis zum Schild: „Jubiläumsweg" – samt der Erklärung. Wer sich dahinter ein Stück ins Gestrüpp vorwagt, sieht ebenfalls auf die mit Wasser gefüllte „Ilgengrube".

Auf dem markierten Weg geht es weiter, bis die Unterführung durch die Autobahn rechts abzweigt. Hinter dem Durchlaß kommen wir rechts aufwärts zur „Wagnersgrube" (*rote Gabel*). Eigentlich sind es mehrere Wasserlöcher, zwischen denen man seinen Weg sucht. Am höheren Ufer auf der Nordseite erklärt eine Tafel, daß in den umliegenden Gruben schon in römischer Zeit Bohnerz gegraben und durch Niederschmelzen mit Holzkohle verarbeitet wurde. „Im Mittelalter bis ins 19. Jahrhundert wurde das Bohnerz aus den Wäldern von Auernheim bis Giengen im Schmelzofen von Heidenheim und in den Eisenwerken von Königsbronn verhüttet. Holzhauer, Köhler, Erzausbringer und Fuhrleute wurden beschäftigt". Daß es noch viele Berufe mehr waren: Erzscheider, Erzwäscher, Schmelzer, Ofenknechte, Schlackenschieber usw. zeigen in Königsbronn anschauliche alte Stiche. Die Neugier auf Königsbronn wächst. Am schnellsten gehen wir auf dem gleichen Weg zurück, dann aber noch vor der Ilgengrube durch die Waldflur „Stiefelzieher" rechts und kommen wieder in den Ascherhauweg und zum Parkplatz zurück.

In Königsbronn an der B 19 (Richtung Aalen) wird die Zufahrt zum Brenzursprung und zum **Torbogenmuseum** angezeigt. Wenn man durch den Torbogen des ehemaligen Klosters zum Parkplatz einfährt, ist klar, woher das Museum seinen Namen hat. Da ist natürlich noch mehr zu sehen als die uns jetzt so brennend interessierende Erzbauabteilung. Aber wir haben ja Zeit. Der freundliche Museumsaufseher weiß auf Fragen viel zu erzählen. Da steht zum Beispiel das Modell eines Hochofens von 1811, den der bekannte Bergingenieur Faber du Faur entwickelt hat. Die Hintergrundgeschichte: Mit diesem Ofen konnten endlich die beim Schmelzen entstehenden giftigen Gase unschädlich gemacht und nutzbringend verwertet werden. Bis dahin fiel immer mal wieder ein Arbeiter ohnmächtig um und wurde in einem Drahtkorb ins Freie getragen. Kam er wieder zu sich, hatte er Glück. Wenn nicht, gab es ein „zünftiges" Begräbnis.

Tatsächlich waren die Erzknappen zu einer zunftähnlichen Gewerkschaft zusammengeschlossen. Da war alles streng geregelt, auch Hochzeit und Beerdigung. Jedes Jahr wurde Kassensturz in der Zunftlade gemacht, die nur mit den drei Schlüsseln der drei ernannten Meister zu öffnen war (die Lade steht in Königsbronn). Hinterher gab es ein Festessen, wo jedermann vorgeschrieben war, sich „ehrbarer Sitten zu befleißigen". Als streng verboten galt das „Heimtragen von Wein und Brot" und das „Zulaufen der Weiber". Die Männer wollten in ihrer

28 Eisen läßt sich aufsammeln

Berufsorganisation unter sich bleiben, obwohl Weiber und Kinder bei den niederen Arbeiten wie Erzklauben ebenfalls beschäftigt wurden.

Die Tracht der Erzknappen ist noch erhalten. Hier in Königsbronn werden sie in einer Vitrine gezeigt. Auffallend dick steht der Herr Obersteiger neben den schmächtigen Bergleuten, die bei der schweren Arbeit keinen Speck angesetzt haben. Arbeitsgeräte der Bergleute und Hüttenarbeiter sind ebenfalls zu sehen. Mit einem einfachen öllämpchen haben sie im Dunkeln gerackert, denn in Wasseralfingen am Braunenberg (siehe 29) mußten lange Stollen in den Berg getrieben werden, um das Eisenerz herauszuholen.

Welch schöne Dinge im Hüttenwerk Königsbronn neben Nägeln und Rohren hergestellt wurden, zeigt die Sammlung von Ofenplatten und Brunnentrögen. Auch Grabplatten wurden aus Eisen gegossen. Im Klosterhof an der Mauer und in der Klosterkirche stehen einige davon.

Noch manch anderen Tip erfährt man in Königsbronn: Drüben an der Pfefferquelle, genau auf der anderen Talseite, sind noch alte Teile des Hüttenwerks zu sehen. Vielleicht kann man in den Backsteinbauten an der Pfeffer durch blinde Fenster und Türritzen spicken (Einfahrt: „SHW", Ochsenberger Weg).

Und dann sollte man – zwischen Königsbronn und Aufhausen – die paar Kilometer hinauffahren in Richtung Großkuchen. Vorher, im kleinen Weiler Rotensohl, zweigt links ein Sträßchen ab zur „Köhlerei". Auf dieser alten Kohlplatte rauchen die Meiler wie ehedem, als die Holzkohle noch zur Verhüttung der Bohnerze gebraucht wurde. Zwei Familien setzen noch ihre Meiler und erzählen gern über ihre Arbeit. Falls der Räucherduft Appetit macht und etwas Gutes in der Kühltasche steckt, kann gleich die Qualität der jetzt zum Grillen bestimmten Holzkohle ausprobiert werden. Ein Grillplatz ist dabei.

Wie kommt man nach Heidenheim, Nattheim und Königsbronn?

Heidenheim liegt im Schnittpunkt der Bundesstraßen 466 und 19.

Nach Nattheim führt die B 466 weiter, teilt sich aber wenige Kilometer hinter Heidenheim. Zum Parkplatz „Ziegelhütte" wählt man die rechte Abzweigung. Die Wanderung zu den Bohnerzgruben vom Parkplatz „Ziegelhütte" aus ist sieben Kilometer lang.

Königsbronn liegt nördlich von Heidenheim an der B 19.

Öffnungszeiten:

Torbogenmuseum: Von April bis Oktober jeden Sonn- und Feiertag von 11.00 bis 17.00 Uhr, sonst nach Vereinbarung
Tel. 0 73 28/45 10 (Museum), Tel. 0 73 28/9 62 50 (Rathaus)

Eisen läßt sich aufsammeln 28

Kartenempfehlungen:

1 : 50 000 Landesvermessungsamt Baden-Württemberg Blatt F 16 Aalen – Heidenheim
1 : 50 000 RV 11483 Härtsfeld, Heidenheimer Alb

Besonderer Tip:

Bohnerzgruben liegen auch am „Heimatgeschichtlichen Rundweg" in Veringenstadt im Laucherttal. Sie sind für Besucher um erklärende Tafeln und einige Utensilien aus der Zeit des Bohnerzabbaus bereichert worden. Bohnerze findet man dort an Ackerrändern, etwa bohnengroß, grau bis braun und schwerer als ein gewöhnlicher Stein.

Ausfahrt aus dem „Tiefen Stollen" um 1900.

29 Glück auf!

Ins Bergwerk nach Wasseralfingen

Wen die Neugier treibt, kann sich sofort auf den **Bergbaupfad** in Wasseralfingen machen. Der wurde schon 1979 angelegt, damit die Geschichte des Erzabbaus und der Eisenverhüttung im Aalener Raum lebendig bleibt. Hier am Braunenberg wurde jahrhundertelang das Eisenerz im Braunen Jura zutage gefördert. Zu den abbaufähigen Flözen, in denen die feinen Brauneisenkörnchen besonders dicht gelagert sind, ziehen sich mehrere Stollen in den Berg hinein. Zum Teil sind sie nun vergittert, zum Teil zugemauert. Die Ruinen der alten Seilbahn stehen noch am „Süßen Löchle", ebenso Unterkunftshäuser der Bergleute, Pulvermagazine – und erzhaltiges Gestein liegt massenhaft herum. An einer der Informationstafeln sind als Anschauungsobjekte ganz große Brocken aufgehäuft; aber die kann sich niemand in die Tasche stecken.

Am **Tiefen Stollen**, wo der Bergbaupfad beginnt, fährt jetzt wieder eine richtige Grubenbahn hinein, weil der 1 000 Meter lange und noch sehr gut erhaltene „Tiefe Stollen" als Besucherbergwerk ausgebaut worden ist. Vor Ort, wo Erz abgebaut und verladen wurde, werden die Gäste nach einer spannenden Diaschau herumgeführt und dürfen Förderschächte, Wetterblindschächte, sogar einen in Deutschland einmaligen Treppen-Verbindungsschacht bestaunen. Das ganze Unternehmen dauert etwa anderthalb Stunden. Jene Hallen, wo früher Sandstein für den notwendigen Formsand gebrochen wurde, sind zum Teil als Museumsräume ausgestattet worden. Materialproben, Geräte und Maschinen, Kleidung und Ausrüstung der Bergleute zeigen die Entwicklung des Erzabbaus in der *Aalener Bucht*. Weil Wißbegierige und abenteuerliche Besucher aber noch viel mehr erfahren wollen, gibt es jetzt auch dreistündige Sonderführungen, zu denen man sich vorher anmelden muß. Dann wird einem auch gesagt, an welchem Tag und wann wieder eine Sonderführung stattfindet. Für kleinere Kinder ist das nichts. Sie müssen bereits so groß sein, daß sie in die Bergmannskluft hineinpassen, samt Helm und Grubenlampe. Denn es geht in die abgelegenen und auch dunklen Stollenbereiche, mitunter auch durchs Wasser! Nach diesem Erlebnis kann jeder nachempfinden, wie hart früher im Bergwerk gearbeitet wurde.

Bergleute waren von jeher etwas Besonderes, das wird auch dargestellt. Ihre Arbeit unter Lebensgefahr verlangte Pioniergeist. Jeder mußte bereit sein, für den andern einzustehen. Sie schlossen sich zu Berufsbünden zusammen, galten als freie Bürger und wurden von den Unfreien bewundert und respektiert – wenn auch nicht gerade beneidet. „Glück auf, du holdes Sonnenlicht, sei innig mir gegrüßt! Der achtet Deiner Strahlen nicht, der täglich sie genießt!" hat ein Dichter seiner Freude beim Ausfahren Ausdruck gegeben. Auch heute wird der Besucher des Stollens noch die Enge und Dunkelheit stark empfinden.

100

Glück auf! 29

Am „Tiefen Stollen" hängt also die Tafel mit einer Wegskizze des Bergbaupfads und der Geschichte des Bergbaus um Aalen. Die fängt schon bei den Römern an. Aber erst im Laufe des 18. und 19. Jahrhunderts wurde Wasseralfingen Zentrum schwäbischer Eisenproduktion. „Der Erzabbau", steht da, „konzentrierte sich auf die an den Abhängen des Braunenbergs eröffneten Gruben." Und die eben wollen wir jetzt aufsuchen.

Vor dem erst um 1840 gebauten „Tiefen Stollen" standen früher noch ein Erzscheidehaus und eine Bergschmiede. 1876 fuhr zum ersten Mal die kühn konstruierte Grubenbahn vom Hüttenwerk den steilen Berg mit Zahnradantrieb hinauf. Eine Benzol-Lokomotive übernahm mit 42 angehängten Grubenwagen den weiteren Transport. Kam jedoch der König mit Gefolge zu Besuch, standen auch zwei Personenwagen bereit.

Links vom „Tiefen Stollen" führt der mit *blauer Raute* markierte Wanderweg, auf dem recht viele Erzsteine herumliegen, direkt zum Gasthaus „Erzgrube" hinauf. Der Bergbaupfad hingegen macht einen Umweg, zieht rechts herum und aufwärts in den Wald. Auch auf dieser Strecke kann man Eisenerze finden. Man muß von einer Sehenswürdigkeit zur andern, von Tafel zu Tafel pirschen. Das ist ganz schön spannend. Einer liest dann den Text vor. Denn nur mit dem nötigen Durchblick sieht man die Zeugen des einstigen Bergbaus in der wahren Bedeutung. Da steht am Sträßle noch ein Unterkunftshaus der Bergleute. Dicht dabei gibt's einen Hinweis auf einen der ersten Stollen. Die „Hunde", von denen die Rede ist, waren keine Tiere, wie jeder weiß, sondern kleine Förderwagen. Erkundet werden entlang dem Pfad noch mehrere Stolleneingänge und ein Pulverhäuschen – auch sieht man Vertiefungen neben der Straße, die sich als älteste Spuren des Bergbaus erweisen –, dann ist man beim **Waldgasthof „Erzgrube"** angelangt. Hinten, im alten Anbau, versammelten sich die Bergleute vor der Einfahrt in die Grube und feierten früher ihre Feste.

Der Bergbaupfad zieht am Haus vorbei und dahinter auf dem unteren Weg weiter. Es geht jetzt im Wald immer geradeaus. Auf der Waldlichtung „Schillerlinde" liegt der **Wilhelmsstollen** rechts. Dann sieht man links die Ruinen der Seilbahnstation. Die Bahn wurde zusammen mit dem jüngsten Stollen **Süßes Löchle** um 1923 gebaut und sollte mit ihren Hängeloren Erz und Kalkstein zu Tal fahren. Das Süße Löchle wurde schon nach wenigen Jahren wieder stillgelegt, dann jedoch zwischen 1934 und 1939 wieder in Betrieb genommen, als Rohstoff aus dem eigenen Land gefragt war. Aber es lohnte sich auf Dauer nicht, und der Bergbau am Braunenberg wurde endgültig aufgegeben.

Bei einer Sitzbank und wiederum einer Tafel mit der Geschichte des Bergbaus sollten wir eigentlich umkehren und auf dem gleichen Weg zurückgehen, um die Eindrücke zu vertiefen. Denn in der Fortsetzung des Weges kommt nicht mehr viel Neues, und auf dem vorgesehenen

101

29 Glück auf!

Bei Rotensohl rauchen noch die Meiler

Rückweg sieht man ziemlich wenig vom Bergbau. Auf diese Weise ist man mit den Kindern knapp fünf Kilometer insgesamt unterwegs, braucht aber viel Zeit, um unterwegs den Bergbau gründlich zu studieren.

Wie kommt man nach Wasseralfingen und zum Bergbaupfad?

Wasseralfingen ist mit Aalen zusammengewachsen. An der B 19, zu Beginn des Stadtbezirks Wasseralfingen, wird der „Tiefe Stollen" bei der Auffahrt „Röthardt 2 km" angezeigt. Es geht hinter dem Bahnhof vorbei. Bei der Auffahrt sieht man links das schöne Freibad! In der Kehre (Bushaltestelle „Erzstollen") liegt links der „Tiefe Stollen", rechts der Parkplatz.

Öffnungszeiten:

Das Besucherbergwerk ist in der warmen Jahreszeit von Ende März bis Anfang November täglich von 9.00 bis 12.00 Uhr und von 13.00 bis 16.00 Uhr geöffnet (Eintritt). Montags ist Ruhetag, außer an Feiertagen. Einfahrt etwa alle 20 Minuten. Anfragen: 0 73 61/97 02 49

Ein sehr gutes Begleitheft zum Bergbaupfad in Wasseralfingen gibt es bei der Stadtverwaltung 73430 Aalen, Verkehrsamt Tel. 0 73 61/ 52 23 58.

Kartenempfehlungen:

1 : 50 000 Landesvermessungsamt Baden-Württemberg Blatt F 16
 Aalen – Heidenheim
1 : 50 000 RV 11483 Härtsfeld, Heidenheimer Alb

30 In Aalen den Limes erleben . . .

... und baden wie die alten Römer

Schlechtes Wetter wäre überhaupt kein Hindernis für diesen Ausflug nach Aalen, bei dem Kinder endlich einmal sehen können, was vor rund 1 800 Jahren am Limes passierte, wie dieser Grenzwall wirklich aussah und was die Römer auf der einen und die Germanen auf der anderen Seite machten.

Das neu gestaltete **Limes-Museum** auf dem Gelände des ehemaligen Kastells Aalen bringt seinen Besuchern jene Geschichtsperiode nahe, die für Baden-Württemberg besondere Bedeutung hat. In den südwestdeutschen Raum stießen die Römer zu Beginn unserer Zeitrechnung vor, besetzten das Land und sicherten das neugewonnene Gebiet durch eine befestigte Grenze, eben den Limes.

An vielen Stellen unseres Landes sieht man die Reste jener Grenzbefestigung und noch weit eindrucksvollere Zeugen aus der Römerzeit: die Ruinen von Kastellen, Gutshöfen, Bädern. Vielfach sind auf den noch erhaltenen Grundrissen wieder Bauteile hochgezogen worden. Aber ehrlich: Macht Kindern das großen Eindruck? Die Mauern reizen sie allenfalls zum Klettern. Wall und Graben des Limes, in Wald und Flur noch erkennbar, sind für Kinder ebenfalls enttäuschend, weil sich ihre Phantasie darunter viel mehr vorgestellt hat.

Das Bedürfnis der Kinder, den Limes genau so zu sehen, wie er einmal war, wird im Aalener Museum voll erfüllt. Im Oberstock steht nämlich in einem verdunkelten Seitenraum ein acht Meter langes, hellerleuchtetes Diorama. Kleinere Kinder dürfen auf den Sockel treten, damit ihnen ja nichts entgeht, was da alles am Limes geschieht. Erst wenn sie sich an diesem Schaukasten satt gesehen haben, werden die im Museum ausgestellten Tafeln, Modelle und Funde lebendig: Da ist ja die große Jupitersäule – die stand im Diorama auf dem römischen Gutshof! Und genauso ein Signalhorn haben die Reiter mit sich geführt! Im Diorama ist jede Kleinigkeit historisch getreu nachgebildet. Und zwar ist eine ganz bestimmte Situation dargestellt:

Im Spätsommer des Jahres 212 unserer Zeitrechnung – die Ernte ist gerade in vollem Gange – haben die Römer durch ihre Grenzwachen Kunde davon bekommen, daß alemannische Reiterscharen sich zusammenrotten und auf den Limes zumarschieren. Deshalb treffen die römischen Truppen im Kastell Aalen – das steht ganz links – ihre Vorbereitungen zur Abwehr.

Eine große Reiterschar zieht aus. Aalen war das einzige Kastell nördlich der Alpen, das mit 1 000 Reitern doppelt besetzt war. Außerdem galt es als das größte Hilfstruppenlager am Limes zwischen Rhein und Donau. Im Hintergrund des Schaukastens wimmelt es von Kriegern, die mit Gefechtsübungen gedrillt werden. Kohorten treffen im Eilmarsch ein. Für alle wird gerade ein großes Lager gebaut. Im Mittelgrund wird mit merkwürdigen Instrumenten das Gelände vermessen.

In Aalen den Limes erleben . . . 30

Dahinter behauen andere schon die Balken für die Baracken. Im Wald wird weiteres Holz für den Aufbau geschlagen und herbeigeschafft. Auf der linken Seite ist alles in militärischer Bereitschaft.

In der Mitte dagegen sieht man, wie sich die Römer in der neuen Provinz hinter dem Limes häuslich eingerichtet haben. Da steht ein großer Gutshof mit den üblichen Nebengebäuden, wozu auch ein Ba-

Wirklich „stark": das Horn der römischen Reiter

105

30 In Aalen den Limes erleben . . .

dehaus gehört. Die Äcker sind wohlbestellt, man sieht sogar, was alles angebaut wurde. Die hatten sogar schon landwirtschaftliche Maschinen! Zwei Ährenschneider sind im Diorama zu sehen: das sind die Wagen mit den Zacken vorn. Damit wurden die Ähren abgerissen – hinten fielen sie in den Kasten. Soldaten helfen bei der Ernte. Die römischen Siedler sind arglos, sie denken, es handele sich um eins der üblichen Sommermannöver.

Eine römische Bauernfamilie hält gerade Mittagsrast im Schatten eines Baumes. Denen geht's gut! Im Hof tummeln sich Hühner und viele andere Haustiere – während die Germanen auf der anderen Seite des Limes noch dabei sind, Bären und Hirsche zu jagen.

Richtig, da steht der Limes! Eine starke Mauer mit Wachttürmen aus Stein (im Museum wird genau erklärt, wie die Grenzbefestigung immer weiter stabilisiert worden ist). Am bewachten Tor wird eifrig gehandelt und gefeilscht. Was haben die Kaufleute aus den römischen Gebieten wohl in den großen Ballen? Wollen sie den Germanen feine Stoffe bringen, Seide etwa? Und was bringen die Germanen angeschleppt? Ein sehr begehrter Artikel war blondes Frauenhaar. Daraus ließen sich die feinen Römerinnen Perücken machen. Deutlich sieht man an den Zinnfiguren, was für schönes Goldhaar die Germanenfrauen haben.

Ob die Germanen vor dem Limes noch nichts vom bevorstehenden Krieg ahnen? Schaut einmal rechts in die hinterste Ecke! Da oben auf dem Berg sind bereits die alemannischen Reiter mit ihrem Heerführer angerückt, spähen die Lage am Limes aus und sehen natürlich, was sich drüben bei den Römern tut. Bald kam es auch zur Schlacht – doch die Alemannen wurden geschlagen.

Das Diorama mit seinen vielen bunten Zinnfiguren ist eigens für Kinder geschaffen worden, damit ihnen Geschichte Spaß machen soll. Wer in der Schule nicht ganz mitgekommen ist, wie das vor fast 2 000 Jahren mit den Römern in Germanien war, dem geht im Limes-Museum ein ganz großes Licht auf!

Ein Spaziergang durch das **Römische Parkmuseum** könnte sich anschließen. Es liegt dicht beim Museum, links hinter der Stadthalle. Hier stehen im Grünen die Nachbildungen vieler römischer Denkmäler. Auch die Jupitergigantensäule aus Walheim ist aufgestellt.

Ob noch Zeit und Kraft für andere Unternehmungen in und um Aalen bleibt? Da wäre das **Urwelt-Museum** im Alten Rathaus mit seiner Sammlung großartiger Mineralien und Fossilien. Oder der **Bergbaupfad im nahen Wasseralfingen** (siehe 29).

Der stilvolle Abschluß ist jedoch ein Bad in den **Limes-Thermen**. Zu Aalen wurde durch Bohrung Thermalwasser angezapft – und bei der großen römischen Vergangenheit Aalens schwebte dem Architekten ein Römerbad vor. Drinnen nichts als Marmor, Flachziegel, plätschernde Brunnen, rinnendes Wasser, antike Säulen; ein Grottenbad, ein Kaltbad, drei Warmbäder. Vor allem das blaue ist von solcher Pracht, daß man sich wie Nero und Poppaea fühlen darf.

Wie kommt man nach Aalen?

Aalen liegt im Schnittpunkt der Bundesstraßen 29 und 19. Hinweisschilder sowohl zum Limes-Museum wie zu den Limes-Thermen stehen an den Zufahrtsstraßen. Aus Richtung Stuttgart kommend liegen die Limes-Thermen noch vor der Stadt auf der Höhe rechts.

Öffnungszeiten:

In den Limes-Thermen kann täglich von 9.00 bis 21.00 Uhr gebadet werden (Kassenschluß eine Stunde vorher), Tel. 0 73 61/94 93-0.

Das Limes-Museum (Württembergisches Landesmuseum) in Aalen ist dienstags bis sonntags 10.00 bis 12.00 Uhr und 13.00 bis 17.00 Uhr geöffnet (Eintritt), Tel. 0 73 61/96 18 19.

Das Urwelt-Museum (Eintritt) im Stadtzentrum ist von 10.00 bis 12.00 Uhr und von 14.00 bis 17.00 Uhr geöffnet, Tel. 0 73 61/65 56.

Kartenempfehlungen:

1 : 50 000 Landesvermessungsamt Baden-Württemberg Blatt F 16 Aalen – Heidenheim
1 : 50 000 RV 11483 Härtsfeld, Heidenheimer Alb

31 Mit den Tulkas zum Som-See

Unbedingt den „Rulaman" lesen!

Jeder weiß inzwischen, daß die ersten Menschen auf der Schwäbischen Alb Unterschlupf in Höhlen gesucht haben. Von den Steinzeitjägern und ihrer Jagdbeute hat man Werkzeuge, Tonscherben, Knochen und vieles andere gefunden. Damit war es möglich, ihr Leben zu erforschen.

Von diesen Menschen hat bereits vor über hundert Jahren David Friedrich Weinland in seinem spannenden Jugendroman „Rulaman" erzählt. Viele Generationen haben seitdem das Buch verschlungen und nach jenen Plätzen auf der Alb gesucht, wo sich die Geschichte des Knaben aus der Steinzeit und seiner Sippe abgespielt haben könnte. In früheren Ausgaben des Buches fanden sie noch keine Landschaftsskizzen und keinen hilfreichen Kommentar, wo die Tulkahöhle und die Staffahöhle zu finden wären – am Hohenwittlingen nämlich! (Sie sind ausführlich beschrieben im Wanderbuch „Mit Kindern unterwegs").

Am meisten rätselten die Rulaman-Freunde daran herum, wohin die Tulkasippe mit Kind und Kegel, Sack und Pack ihre alljährliche Sommerreise unternahm. Sogar für die alte Parre wurde ein Tragsessel gebaut, denn ohne die weise Stammutter ging einfach nichts. Selbst ein junger Bär und ein zahmes Rentier trotteten mit. Eine Woche brauchten sie für die Reise zu den „See-Aimats", die am „Som-See" in Pfahlbauten wohnten.

Aha, Bodensee! Nein, falsch. Auf der Landkarte können wir leicht die Tulkas auf ihrer Sommerreise begleiten: Vom Ermstal her zum Blautopf, ihrem „Walba-See". Von da an zogen sie weiter durch das einstige Urstromtal der Donau, dem „Ulatal". Hier fließt heute die Ach. Rast machten sie bei Stammesbrüdern, die im „Hohlen Fels" unweit von Schelklingen wohnten (siehe Kapitel 2). Dann ging es weiter am „Langen Fluß", der Donau, und dann den „Kansabach" aufwärts. Das ist die Kanzach, welche in die Donau mündet! Und wo kommt sie her? Aus dem Federsee! Da haben wir den „Som-See" der Tulkas, die hier so viele schmackhafte Welse fingen und es sich wohl sein ließen.

Wie kommt Weinland auf den Federsee? Im Jahr 1866, etwa zehn Jahre, bevor sein Buch in Druck ging, wurden im Federsee-Moor und an der nahen Schussenquelle bedeutende Funde gemacht, aus denen hervorging, daß von der Alb die Steinzeitjäger hierhergekommen waren. Später wurde auch bei Buchau die „Wasserburg" ausgegraben, deren Palisadenumzäunung im Moor sichtbar gewesen war. Auf Pfählen haben auch hier Hütten gestanden. So also konnte der Völkerkundler Weinland seine frei erfundenen Tulka-Leute zu den „See-Aimats" am Federsee reisen lassen.

Wir können ihnen hinterherfahren und erkunden, ob es von ihnen noch was zu sehen gibt. Reichlich! Alles, was zu finden war, ist im **Federsee-Museum** zusammengetragen und so anschaulich aufgebaut, daß sich keiner langweilt. Schon das Museum selbst steht auf Pfählen im Wasser. Drinnen gibt es ein Modell der Wasserburg. Da hat man Einbäume – also Boote aus einem Baum gehauen – gefunden. Wie sie damit sicher fahren konnten, scheint uns ein Rätsel. Aufbewahrt wird auch ein Scheibenrad aus der Wasserburg. Mit solchen einfachen Holzscheiben rollten ihre Karren.

Das Federsee-Museum macht deshalb einen so großen Eindruck auf Kinder, weil sie hier sehen dürfen, was im „Rulaman" nur beschrieben oder gezeichnet ist: die Werkzeuge, die Jagdbeute, die Knochen – ein Mammutbackenzahn ist auch dabei. Alles, was im Ried schwimmt, kreucht und fleucht, ist ausgestellt: leibhaftig, wenn auch nicht lebendig. So viele Vögel wie im Museum zeigen sich draußen am See nicht. Es kommt allerdings auch darauf an, zu welcher Zeit man dorthin aufbricht.

Im März und April machen viele Zugvögel am Federsee Rast. Im Mai brüten hier die heimischen Vögel. Im Juni und Juli werden die Jungen aufgezogen, wenn das Moor in voller Blüte steht. Da sich die standorttreuen Wasservögel an die Besucher gewöhnt haben, bauen sie ihre Nester nicht selten neben dem Steg, der vom Museum aus kilometerweit durchs Ried bis zur noch offenen Wasserfläche führt. Bootfahren ist von der Aussichtsplatte möglich. Wen jedoch das Wasser zum Baden verlockt, muß ins erfrischende Freibad gehen oder ins Thermalbad im Kurpark von Bad Buchau.

Durchs Ried zum Federsee

31 Mit den Tulkas zum Som-See

Endlich am offenen Wasser! Der Federsee war früher viel größer

Da wartet noch ein kleines Abenteuer: der Abstecher ins Banngebiet Staudacher. Das ist ein Stück Urwald im Moor, das sich nach dem Willen des Forstmannes Staudacher ungestört entwickeln durfte. Der Weg Nr. *4* (Teilstück des Hauptwanderwegs 7 des Schwäbischen Albvereins) führt durch den Kurpark auf einer birkengesäumten Allee zum

Dörfchen Moosburg. Bald geht es über den Kansa-Bach, wo sich gewöhnlich Enten und Bleßhühner tummeln und hinein in die grüne Wildnis des Naturschutzgebiets.

Wie kommt man zum Federsee und nach Bad Buchau?

Von Riedlingen an der Donau, Biberach und Saulgau ist es nur noch ein Katzensprung.

Öffnungszeiten:

Das Federsee-Museum ist im Sommerhalbjahr (Mitte März bis Ende Oktober) täglich von 9.30 bis 17.00 Uhr geöffnet. Im Winterhalbjahr nur mittwochs, samstags und sonntags von 10.30 bis 16.30 Uhr oder nach Voranmeldung (Eintritt), Tel. 0 75 82/83 50.

Besonderer Tip:

Der Jugendroman „Rulaman" von David Friedrich Weinland ist bei der Deutschen Verlagsanstalt und als Volksausgabe beim Verlag Knödler, Reutlingen erschienen.

32 War Linkenbold der Teufel selbst?

Zu Schauhöhlen auf der Schwäbischen Alb

Wenn durch strengere Naturschutzbestimmungen „wilde" Höhlen auf der Alb unzugänglich werden sollten, ist das für Höhlenbegeisterte bitter. Sie auf die Schauhöhlen zu verweisen bleibt ein schwacher Trost.

Doch es geht nicht in allen Schauhöhlen so lebhaft zu wie bei der meistbesuchten Erpfinger **Bärenhöhle** mit „Traumland" und Märchenpark. Schon bei der **Nebelhöhle** auf Genkinger Markung ist es stiller. Da bleibt noch etwas von Entdeckerfreude und leichtem Gruseln übrig – bei der Pirsch durch die hohen Hallen mit ihren düsteren Winkeln und Klüften, bis hinauf zum hochgelegenen Versteck des seinerzeit verjagten Herzogs Ulrich. Daß er sich dort verborgen hielt, erzählt Wilhelm Hauff in seinem Roman „Lichtenstein" in dichterischer Freiheit. Bärenhöhle und Nebelhöhle liegen auf der Reutlinger Alb, haben den Parkplatz in der Nähe und sind vom 1. April bis 31. Oktober geöffnet.

Auf der Ostalb liegt die sehenswerte **Charlottenhöhle** bei Giengen-Hürben. Mit ihren 580 Metern ist sie die längste Schauhöhle auf der Schwäbischen Alb – und voll der schönsten Tropfsteine, die sich zumeist an der Decke befinden. Der oft sehr schmale, gewundene Gang erweitert sich mehrmals zu Hallen. Die Charlottenhöhle wurde bei ihrer Entdeckung im Jahre 1893 gleich mit elektrischer Beleuchtung versehen und blieb von schwärzenden Fackeln unberührt. Die Höhle ist vom 1. April bis zum 31. Oktober täglich von 8.30 bis 11.30 Uhr und 13.30 bis 16.30 Uhr geöffnet, sonntags durchgehend. Tel. 0 73 24/ 72 96. Wer – über Heidenheim – nach Hürben fährt, sollte auch die „wilden" Höhlen im Lonetal besuchen. Als Karte empfohlen: 1:50 000 RV „Härtsfeld, Heidenheimer Alb".

Ein Leckerbissen für Höhlenfreunde ist die **Kolbinger Höhle** auf der Südwest-Alb. Genauer gesagt: sie liegt über Fridingen und dem Donautal. Die Zufahrt verläuft von Kolbingen her, das am Südzipfel des Großen Heubergs zu finden ist. Die Höhle wurde 1913 entdeckt und war sehr schwierig zu begehen. Seit 1968 ist sie gut ausgebaut und überrascht die Besucher durch ihre reich mit Tropfsteinen geschmückten Hallen und gewundenen Gänge. Schon der Zugang durch das „Felsentor" ist sehr reizvoll. Die Kolbinger Höhle ist von Mitte März bis Ende Oktober nur an den Wochenenden geöffnet. Samstags von 13.00 bis 17.00 Uhr, sonntags von 10.00 bis 17.00 Uhr (Auskunft: 0 74 63/85 34).

Kartenempfehlung:

1 : 50 000 Landesvermessungsamt Baden-Württemberg Blatt F 26 Naturpark Obere Donau

War Linkenbold der Teufel selbst? 32

Durchs Felsentor zur Kolbinger Höhle

Eine spannende Geschichte gibt es von der **Linkenboldshöhle** bei Onstmettingen zu erzählen. Als Gustav Schwab zu Anfang des vorigen Jahrhunderts die Schwäbische Alb durchwanderte und sie beschrieb, brauchte man für die Erkundung des „Linkenbold-Löchleins" sehr viel Mut. Ein Gewährsmann, der 1801 in die Höhle einstieg, berichtete ihm darüber: „Nur einen jungen Bauernburschen konnte ich bereden, mir in die Höhle zu folgen, unerachtet mich eine Menge Menschen bis an die Höhle begleiteten. Alle fürchteten den Linkenbold, und als ich hinabstieg, war ich in ihrer Meinung entweder ein Hexenmeister oder gar des Teufels."

Niemand wagte sich hinein, weil der „Linkenbold" in der Höhle hausen sollte. Nachdem jedoch etliche Jahre später Kurfürst Friedrich einige Höhlen der Alb besucht hatte, war der Bann gebrochen. 1876 wurde gar eine „Aktiengesellschaft Linkenboldshöhle" gegründet, die den Zugang zur 220 Meter langen und mit vielen Tropfsteinen geschmückten Höhle durch einen Eingangsstollen besser erschloß und sich vom Betrieb einer Schauhöhle Gewinn versprach.

Die Begeisterung hielt nicht an. Jahrzehntelang blieb die Höhle ohne Wartung – bis der Albverein beschloß, diese bedeutende Höhle zu schützen. 1975 bekam sie eine feste Tür. Vorher holten die Albvereinsmitglieder einen ganzen Lastwagen voll Unrat heraus. Inzwischen konnten sich die von Ruß geschwärzten Tropfsteine durch frische Versinterung wieder erholen.

Nur an zwei Tagen im Jahr wird die Linkenboldshöhle für jedermann geöffnet: An Himmelfahrt und jeweils am zweiten Sonntag im

113

32 War Linkenbold der Teufel selbst?

September von 9.00 bis 17.00 Uhr. Dann ist die Höhle elektrisch beleuchtet. Sachkundige Führungen finden statt, und „gefestet" wird vor der Höhle auch. Auskunft erteilt Franz Radleff in Onstmettingen: 0 74 32/2 14 69. Zufahrt zur Linkenboldshöhle über Albstadt nach Onstmettingen und aufwärts in Richtung Hausen. In der Kehre nach 1 300 Metern zieht ein markierter Weg (*rote Raute*) rechts zur Höhle.

Kartenempfehlung:

1 : 50 000 Landesvermessungsamt Baden-Württemberg Blatt F 26 Naturpark Obere Donau

Zwei ganz besonders „wilde" Höhlen, in denen das Höhlenerlebnis samt Schauder voll ausgekostet werden kann, sind vom Betretungsverbot oder gar Sperrung nicht betroffen: Die **Falkensteiner Höhle** und die **Gustav-Jakobs-Höhle** bei Grabenstetten. Wieso das, wenn so viele andere Höhlen im Rahmen des Naturschutzes dichtgemacht werden?

Vielleicht gerade deshalb. Ein Ventil für die Höhlenbegeisterung soll offenbleiben. Und wer hier sein großes Abenteuer haben kann, den locken die weniger aufregenden wilden Höhlen vielleicht gar nicht mehr.

Beide Höhlen sind keineswegs leicht zu begehen. Deshalb unterhält der Grabenstettener e.V. „Höhle und Karst" mit Zustimmung der amtlichen Naturschützer an den Wochenenden bei der **Falkensteiner Höhle** einen „Höhlendienst" mit Informationsstand. Manche Besucher wissen gar nicht, worauf sie sich bei einem Besuch einlassen würden. Hier werden sie aufgeklärt! Dann fragen sie sich: Gehen wir überhaupt rein – und wie weit kommen wir mit unserer Kleidung und Ausrüstung? Vom Wagemut gar nicht zu reden.

Wen es jedoch ganz mächtig in die Unterwelt zieht, könnte bei der Arbeitsgemeinschaft „Höhle und Karst e.V." anfragen, ob eine Begleitung möglich ist. In erster Linie sind die Höhlenforscher für Gruppen, Schulklassen und Ferienprogramm-Kinder bereit, ja zu sagen und einen Termin vorzuschlagen. Natürlich nur im Sommerhalbjahr, denn vom 15. November bis 15. April sind alle Höhlen wegen der schlafenden Fledermäuse tabu. Die Vereinsmitglieder machen das ehrenamtlich, nehmen aber gern eine Spende für den Verein entgegen.

Sie begleiten auch in die **Gustav-Jakobs-Höhle**, eine über 400 Meter lange Durchgangshöhle unterhalb der Ruine Hofen. Aber von wegen: vorne rein und hinten wieder raus – so leicht ist das nicht! Die Höhle wird immer enger. Bäuchlings robbend durch den nördlichen Ausgang sieht man endlich das Tageslicht wieder. Wer das geschafft hat, was wohl mit Überwindung nur in der Gruppe möglich ist, fühlt sich als Held.

War Linkenbold der Teufel selbst?

Kartenempfehlung:

1 : 50 000 Landesvermessungsamt Baden-Württemberg Blatt F 18 Reutlingen – Bad Urach

Anfragen wegen einer Höhlenbegleitung bei Christoph Gruner, Grabenstetten, Tel. 0 73 82/17 98 und Petra Boldt, Schelklingen, Tel. 0 73 94/15 66.

33 Selber spuken auf Burg Hornstein

Ins Bittelschießer Täle

Wer glaubt denn an Gespenster? Gibt's doch gar nicht! Aber selber mal eins spielen und die Leute erschrecken, das möchten Kinder gar zu gern.

Dreimal mußte die „Fete der kleinen Schloßgespenster" ins letzte Sommerprogramm auf dem *Aktionsplatz Ruine Hornstein* gesetzt werden – so viele Kinder wollten mitmachen. Die Einladung war auch zu verlockend: „Wer möchte einmal Schloßgespenst spielen auf einer richtigen Ruine? Wer hat Lust auf ein spannendes Ferienabenteuer?" Da wurden erst Gespenster gemalt, dann aus alten Leintüchern das passende Gewand gezaubert, Augenlöcher hineingeschnitten, bemalt und die Fete konnte beginnen: mit Musik und Gespenstertanz. Zum Schluß ging's mit Kerzen noch in die dunklen Gewölbekeller hinunter. Da war so manches „Huuuuu" zu hören. Essen und Trinken wollten die kleinen Schloßgespenster allerdings auch, denn sie sind schließlich keine Geister!

Die Eltern zahlen gern dafür, denn sie geben damit auch eine Spende für den „Förderverein Ruine Hornstein e.V.". Er setzt sich seit 1988 für die Sanierung des eindrucksvollen Gemäuers ein, an dem vom Mittelalter bis ins 17. Jahrhundert immer wieder gebaut wurde.

Fete der kleinen Schloßgespenster auf Burg Hornstein

Wo steht denn eigentlich diese **Burg Hornstein**? Nicht weit von Sigmaringen, über der Lauchert, am Anfang des Bittelschießer Tälchens. Das ist ein kurzes Talstück des Laucherttals, wo sich der Fluß durch eine Felsbarriere hindurchwinden muß und dabei eine Schlucht ausge-

Selber spuken auf Burg Hornstein

formt hat. Wildromantisch! Dort stand auf einem hohlen Felsen die Burg Bittelschieß. Zwar liegt der Ort Bittelschieß südlich von Sigmaringen, doch besaßen die dort ansässigen adligen Herren ebenfalls Landbesitz in dieser „hohlen Gasse". (Es werden doch wohl keine Raubritter gewesen sein?) Jedenfalls kam die Burg noch vor 1300 in den Besitz der Habsburger. Auf Hornstein hingegen saß ein württembergischer Lehnsmann, und als es am Ende des 15. Jahrhunderts eine Fehde zwischen den Habsburgern und den Württembergern gab, überfiel der Hornsteiner die Bittelschießer Burg und brannte sie nieder.

Viel ist davon nicht mehr zu sehen, aber deshalb geht ja wohl auch keiner ins Bittelschießer Täle. Das ist ein Stück Urwald! Senkrechte Felsen! Viele kleine Höhlen. Der Fluß rauscht hindurch. Nur an ruhigen Uferzonen könnte man – vorsichtig! – herumplanschen. Aber da ist die große Höhle mit der Feuerstelle! „Möbliert" ist sie nicht, aber zum Würstchenbraten reicht es.

Vom Parkplatz ist es nicht weit. Er liegt unter der Burg Hornstein an der Straße zwischen Bingen und Hornstein. Zur Ruine geht es der *gelben Raute* nach den Berg hinauf. Auch ohne „Feten" ist sie sehenswert. Die obligaten Schilder „Betreten der Baustelle verboten" hängen wegen der Verantwortlichkeit da.

Nach diesem Abstecher marschieren wir wieder zur Straße hinunter und auf ihr rechtsherum. Nach 150 Metern weist die *gelbe Raute* links in den „Privatweg". Er zieht über die Wiese, kurz nach links und unterm Bahngleis hindurch. Dann beginnt die Wildnis. Treppen führen über eine Felsrippe. Oben sollten wir rechtsherum gehen und das wilde Tal erst von oben betrachten. Mehrere Aussichtspunkte sind gesichert. In der Mitte kommen wir zur ehemaligen Burgstelle und schauen beim Geländer durch den „Kamin" in die große Hallenhöhle hinunter. Ein verblüffender Anblick! Bei der verhältnismäßig neuen Kapelle (um 1700) steigt man hinab ins Tal und überlegt sich, wo man rasten könnte, um das „Täle" nach rechts und nach links noch besser ausforschen zu können. Am anderen Ende liegt wieder ein Parkplatz, dessen bezeichnete Zufahrt vom Sträßchen zwischen Bingen und Sigmaringen abzweigt.

Wie kommt man nach Bingen und ins Bittelschießer Täle?

Über Sigmaringen. Von Norden her könnte man von der B 32 schon in Veringendorf abbiegen und über Hochberg nach Bingen gelangen. Dann spart man die Fahrt durch Sigmaringen.

33 Selber spuken auf Burg Hornstein

Besonderer Tip:

Vom „Förderverein Ruine Hornstein e.V." gibt es Programmhinweise, was im Sommer so läuft: Führungen durch die Ruine für Kinder, Kasperltheater, Gauklerfest und hoffentlich wieder Gespensterfeten!

Adresse: Elisabeth Volk, Keltenstr. 14 in 72488 Sigmaringen-Laiz, Tel. 0 75 71/5 20 50.

Kartenempfehlungen:

1 : 50000   Landesvermessungsamt Baden-Württemberg Blatt F 26 Naturpark Obere Donau
1 : 50000   RV 11480 Naturpark Obere Donau

Damit der Ausflug „Spitze" wird

Was nimmt man mit? Was zieht man an? Was muß man wissen?

Ausflüge auf die Alb sind keine Sonntagsspaziergänge. Die wären ja auch langweilig. Also nur bequeme „Klamotten" anziehen, die dreckig werden dürfen. Turnschuhe sind beliebte Allzwecktreter. Wenn es aber in Höhlen geht, braucht man feste Stiefel oder sogar Gummistiefel.

Höhlenschutz ist oberstes Gebot

Ehrensache, daß wir in den Höhlen weder etwas wegwerfen – auch nicht das kleinste Bonbonpapier – und daß wir keine Steine abschlagen oder irgendwas kaputtmachen. Weil unvernünftige Besucher in den Höhlen so viel Schaden angerichtet haben, zum Beispiel Tropfsteine beschädigten, auf Sinterbecken herumtrampelten, ihre Namen ankritzelten, Feuer anzündeten und sogar Grillfeste darin feierten, sind manche Höhlen schon verschlossen worden – und andere könnten deswegen noch gesperrt werden. Ist das nicht schade?

Die Höhlenkluft

Da man sich in Höhlen oft mit Lehm beschmiert, wären ein Overall oder „blauer Anton" zweckmäßig, den man überzieht und hinterher wieder abstreift, denn sonst kann man sich an diesem Tag nicht mehr unter Menschen sehen lassen. Wasser, Seife und Handtuch sollten immer im Auto sein.

In den Höhlen ist es kühl, deshalb braucht man auch im Sommer zusätzlich etwas Warmes. Auf jeden Fall muß der Kopf geschützt sein, denn die Höhlendecke reicht oft weit herunter. Praktisch wäre ein Fahrradhelm aus Plastik. Besser als nichts ist eine Mütze, die man mit anderen Kleidungsstücken (Schal, Pulli, Handtuch) ausstopft. So gepolstert kann die Kopfschwarte einen Puff vertragen, ohne daß gleich Blut fließt.

Von unterwegs nimmt man einen Knüppel mit – und wieder aus der Höhle heraus! Kommt in der Höhle eine Pfütze, läßt sich damit die Wassertiefe ausmessen, ob die Gummistiefel hoch genug sind. Es ist aber auch kein Beinbruch, wenn sie vollaufen.

Starke Taschenlampen mit hintereinandergeschalteten Batterien sind notwendig. Kleine Dinger leuchten nicht weit. Wenn die Lampe an einer Schnur um den Hals getragen wird, geht sie beim Herunterfallen nicht kaputt, und man hat notfalls beide Hände frei zum Abstützen. Keine rußenden Partyfackeln mitnehmen – und kein Feuer in der

Damit der Ausflug „Spitze" wird

Höhle machen, auch nicht am Eingang! Durch Hitze und den sich ausdehnenden Wasserdampf in den Felsspalten könnten Steine herausgesprengt werden.

Keine waghalsigen „Mutproben"

Bei den größtenteils ungesicherten Randfelsen darf man die Kleinen nicht von der Hand lassen. Von den Größeren muß man verlangen: Zwei Meter Abstand von der Kante! Dieses Sicherheitsgebot nimmt ihnen die eigene Angst und schützt vor waghalsigen Mutproben. Selbstverständlich müssen die Eltern Vorbild sein und sich selber an das Sicherheitsgebot halten. Die zweite Regel: Auf Hangwegen immer an der Bergseite gehen! Und die dritte: Bei gefährlichen Stellen gibt es kein Herumalbern, Schubsen oder Bubeln.

Ein Seil, eine Wäscheleine können trotzdem nützlich sein. Bei steileren Absätzen, auch in Höhlen, kann man Kindern Steighilfen geben. Das beruhigt und sieht zünftig aus. Ein Seil wird leicht zum Spielgerät beim Schaukeln, Seilspringen. Über eine gespannte Leine läßt sich ein Faustballspiel organisieren. Mit einer Leine und einer darübergelegten Decke ist schnell ein Zelt gebaut.

Rasten an der Feuerstelle

Früher haben die Wanderer auf der Alb irgendwo ein paar Steine zusammengelegt und dazwischen ein Feuer gemacht, um ihre Würste zu braten. Das ist wegen der Zerstörung der Bodenflora und der Waldbrandgefahr nicht mehr erlaubt. Dafür sind viele Grillplätze eingerichtet worden, die jeder kostenlos benutzen darf. Oftmals liegt sogar noch das Feuerholz bereit. So gut geht es den Ausflüglern in anderen Bundesländern nicht!

Grillplätze sind seit neuestem auch in den topographischen Wanderkarten eingezeichnet, so daß man vorher schon planen kann, wo die große Fütterung stattfinden soll. Viele schöngelegene Grillplätze können auch mit dem Auto erreicht werden oder liegen in der Nähe von Parkplätzen, so daß Salatschüsseln, Getränke, Brot und Fleisch nicht während der ganzen Unternehmung mitgeschleppt werden müssen.

Packt die Badehosen ein!

Auf der „karstigen" Alb, wo das Wasser versickert, gibt es mehr Bademöglichkeiten, als man glaubt. Im einzigen Karstsee bei Schelklingen, der mit der Höhe des Grundwasserspiegels mal erscheint und wieder

Damit der Ausflug „Spitze" wird

verschwindet, ist Baden nicht möglich. In Fluß- und Bachläufen (Große Lauter) ist das Wasser sehr kalt. Aber es gibt einige Stau- und Baggerseen mit Badebetrieb – und in vielen Gemeinden Frei- und Hallenbäder. Gar nicht zu reden von den verlockenden Spaß- und Spielbädern mit Wellenschlag und Rutschbahn. Es wäre doch zu schade, in der Nähe eines Bades zu sein und kein Badezeug dabeizuhaben.

Wo findet man Versteinerungen?

Die Schwäbische Alb war früher einmal der Boden eines Meeres, auf dem sich etliche hundert Meter hoch Kalkschlammschichten abgelagert haben. Eingeschlossen darin wurden (jetzt versteinerte) Meerestiere oder deren Reste, in großer Anzahl Ammoniten. Aber nicht alle Schichten sind gleichmäßig mit diesen Fossilien durchsetzt. In manchen „wohlgebankten" Kalken des Weißen Jura findet man kaum welche; die weicheren Kalkmergel dagegen enthalten recht viele Versteinerungen. Besonders ergiebig sind die Schichten des Schwarzen Jura (Holzmaden, Urweltmuseum!), aber die liegen im Albvorland und nicht „auf" der Alb.

Richtig suchen – auf eigene Gefahr – lohnt am ehesten dort, wo die Erde aufgegraben wurde, beim Bau von Straßen, Wegen, Autobahnen, Kläranlagen, Häusern – und wo Steinbrüche den Berg geöffnet haben. Zuständige muß man vorher um Erlaubnis fragen! Gefährlich sind Steinbrüche, auch aufgelassene – mit noch steilen, einsturzgefährdeten Wänden!

In welcher Gegend man fündig werden kann? Eigentlich überall auf der Alb. Manche Sammler loben die Balinger Gegend, andere die Ostalb. Am besten untersucht man den vom Berg abgerutschten Hangschutt und schaut überall dort nach, wo viele Steine herumliegen. Aber das braucht man Kindern nicht zweimal zu sagen. Wenn sie suchen und sammeln können, sind sie kaum weiterzubringen. Mancher hat auch schon ein hübsches Stück vom Weg aufgeklaubt, der nur mit Kalkschotter belegt war.

Was sind denn „Schwammstotzen"?

Im Albrand und in den Albtälern fallen herausragende Einzelfelsen auf. Manchmal ist es eine Säule, oftmals sind es riesige Klötze. An ihnen ist keine Schichtung zu erkennen, deshalb heißen sie auch „Massenkalke". Entstanden sind sie, wie man heute weiß, hauptsächlich durch Schwammkolonien, aber auch durch Algen und Korallen, die im Flachwasser des Jurameers wucherten. In ihnen sammelte sich der Kalkschlamm reichlicher und dichter. Feste Riffe entstanden. Nach-

121

Damit der Ausflug „Spitze" wird

dem sich der Meeresboden gehoben hatte und zum Gebirge geworden war, widerstanden diese Riffe oder „Schwammstotzen" besser der Abtragung durch Wasser und Wind als die sie umgebenden Kalkschichten. Bei den Schwammstotzen kann man höchstens kleine Schwämme, sonst aber kaum Versteinerungen finden.

Warum so viele Höhlen?

Der Kalkstein ist durch die Verbindung von Regen und Kohlensäure wasserlöslich. Allein beim Durchgang durch die Luft- und Humusschichten nimmt der Regen Säure auf. Wenn das Wasser dann in Risse und Fugen eindringt, kann es Schächte und Höhlen auswaschen. Irgendwo kommt das Wasser wieder zutage – in einer noch aktiven Quellhöhle etwa (Wimsener Höhle) oder in einer Karstquelle wie dem Blautopf. Die Auflösung des Kalkgesteins mit sämtlichen Folgen nennt man Karst-Erscheinungen. Dazu gehören auch die Trockentäler auf der Alb, weil das Niederschlagswasser im porösen Kalkstein versikkert.

Der gelöste Kalk kann sich auch als „Sinter" wieder absetzen: in Höhlen zu Tropfsteinen, Becken und Terrassen. Im Freien baut er als Kalktuff den Wasserfällen immer längere Abflußrinnen (Uracher Wasserfall, Gütersteiner Wasserfälle) und ganze Bergvorsprünge (Hochwiese beim Uracher Wasserfall). Albtäler (Wiesaz, Erms) sind durch ihre Bäche mit Tuffstein angefüllt worden, der zum Bauen verwendet und früher in den Steinbrüchen herausgesägt wurde.
Die schönsten Tropfsteine und Sinterbildungen sind in dem runden Dutzend bewirtschafteter Schauhöhlen auf der Schwäbischen Alb zu sehen. Darüber hinaus sind bis jetzt über 2 000 „wilde" Höhlen bekannt.

Wie entstehen Höllenlöcher?

Weiche Mergelschichten im Untergrund sind schuld, wenn eine Hangkante auf der Alb seitlich abrutscht. Die dabei entstehenden Spalten tragen Namen wie „Höllenlöcher" oder „Gespaltener Felsen".

Als Spielplatz ideal: Wacholderheiden

Die trockenen, steinigen Böden auf der Albhochfläche wurden und werden gern als Schafweiden genutzt. Wacholder haben sich angesiedelt, Weidebuchen machen sich breit, unter denen Hirt und Herde

Schutz finden. Auf den typischen Wacholderheiden sind heute vielfach Spielplätze und Feuerstellen eingerichtet worden.

Wann kommt das nächste Erdbeben?

Aufregend ist, daß es auf der Schwäbischen Alb eine Erdbebenzone gibt: den berühmten Zollerngraben bei Albstadt. Da hat es schon oft gewackelt. Das große Erdbeben von 1911 spürten die Menschen bis nach Stuttgart hinein. Die Kirche in Streichen – am sehenswerten Hundsrücken – stürzte zusammen, ein Rest von ihr wird in der neuen Kirche aufbewahrt. Aber 1978 war es fast genauso schlimm: viele Häuser gingen kaputt. Solche „tektonischen Beben" sind Bewegungen in der Erdkruste. Denn unter der Alb zieht sich eine alte Bruchspalte durchs Gestein, die schon damals im Tertiär bei der Hebung des Meeresbodens entstanden sein muß und die sich immer wieder einmal ruckartig verschiebt. Dabei stürzen auch Hohlräume ein. So ein Erdbeben kündigt sich meist mit einem unheimlichen Rauschen und Grollen an, so daß den Leuten im Zentrum des Bebens angst und bange wird. Weiter davon entfernt denken die Menschen womöglich nur, es sei ein Lastwagen vorbeigefahren, der die Scheiben klirren und das Haus ein wenig zittern ließ.

Ob noch mal ein Vulkan ausbricht?

Mit Vulkanausbrüchen haben die Erdbeben nichts mehr zu tun, obwohl es auf der Alb vor vielen Millionen Jahren einmal eine gewaltige Explosion von Gasen und Dämpfen gegeben hat, so daß das flüssigfeurige Erdinnere fast bis an die Oberfläche stieg. Das Zentrum lag zwischen Kirchheim und Bad Urach. Vor und auf der Alb sieht man heute noch ein paar hundert Vulkanschlote. Ein richtiges, mit Wasser gefülltes vulkanisches Maar ist die Hüle in Zainingen. Im großartigen Randecker Maar ist mit dem Zipfelbach das Wasser seitlich abgeflossen.

Wieso kommt heißes Wasser aus der Erde?

Daß die Erdwärme an manchen Stellen höher hinaufreicht als anderswo, hat mit dieser vulkanischen Tätigkeit zu tun. Überlegungen zur Nutzung der Erdwärme sind schon angestellt worden. Bisher freuen sich einige Albgemeinden, daß ihre Bohrung nach Thermalwasser erfolgreich war und ihre Badegäste auch im Winter im Freien schwimmen können.

Wir über uns

Schwäbischer Albverein e. V.

Liebe Kinder,
verehrte Leserin, lieber Leser,

„einmal Indianer sein", lautete das Motto unserer Familienfreizeit 1997, und dazu fielen den Kindern wie den Eltern viele, viele Dinge ein.

Die nächste Familienfreizeit auf der Alb ist dem Zirkus gewidmet. Jedes Kind und jede Mutter, jeder Vater, kann sich entfalten, etwas aus sich selbst heraus zum Thema beisteuern. Dazu bieten sich auch Bilder von Tieren vergangener Zeiten an, Saurier und Höhlenbären, vielleicht auch Feen und Nymphen. Auf den Spuren von Feen, Sybillen und Nymphen werden sicher Eltern mit ihren Kindern, Großeltern mit den Enkeln, nach diesem Buch die Alb kindgerecht „erfahren" und erwandern.

Dies sind auch die Ziele des Schwäbischen Albvereins, Vergangenes, Traditionelles, Brauchtum zu wahren und zu überliefern.

Seinen Ursprung fand der Schwäbische Albverein aber 1888 in der Idee des Verschönerungsvereins Kirchheim unter Teck, auf der Teck einen Aussichtsturm zu erstellen. Der Verschönerungsverein konnte diesen Plan finanziell nicht allein realisieren und suchte andere Verschönerungsvereine am Fuß der Alb als Partner, wobei dann bei der zweiten Zusammenkunft Dr. Salzmann aus Esslingen am Neckar die Gründung des Schwäbischen Albvereins vorschlug und mit den Verschönerungsvereinen und Heimatfreunden auch realisierte.

Am Anfang stand also die Erschließung unserer Alb, der Schwäbischen Alb. Ein Wanderwegkonzept wurde erarbeitet, die Albrand-Trauf-Wege markiert und kartiert. Diese Besucherlenkung wurde von Touristen gern angenommen, von wanderfreudigen Menschen weitergetragen und alsbald gesellten sich auch Menschen hinzu, denen die Geologie, die Botanik und überhaupt die Naturgegebenheiten wichtig waren.

So wurde der Schwäbische Albverein, wurden seine Ortsgruppen, von denen es zwischenzeitlich zwischen Main und Bodensee 576 gibt, Naturschützer, denen der Naturerhalt ein besonderes Anliegen ist. Dies kommt stark in der modernisierten Wanderführerausbildung zum Ausdruck, war auch für Georg Fahrbach die Idee, vor über 25 Jahren den Landesnaturschutzverband für unser Land Baden-Württemberg zu initiieren.

„Nur wer die Heimat kennt, trägt sie im Herzen", lautet ein bekannter Ausspruch, den der Schwäbische Albverein beherzigt und mit geführten Wanderungen mit Kindern, Jugendlichen, Familien und Senioren, in vielen kleinen Individualgruppen, durchs Land und auf die Alb zieht. Hervorragende Stützpunkte sind dazu unsere Wanderheime. Besonders familienfreundlich strukturiert ist unser neuestes Domizil in der Kapfenburg auf der Nordostalb bei Lauchheim, ebenso das Wanderheim Jugendzentrum Fuchsfarm, nahe dem Nägelehaus, vis-à-vis vom Hohenzollern. Kinderfreizeiten finden im Füllmenbacher Hof bei Mühlacker statt und die Burg Derneck ist beliebter Standpunkt für Jugendfreizeiten.

Interessant ist sicher, daß seit der Einführung eines Familienbeitrags von nur 50 DM (zuzüglich eines Ortsgruppenzuschlags) bei Neueintritten im Schwäbischen Albverein die Gruppe der unter 25jährigen mit knapp einem Drittel dabei ist und über ein Drittel der Neumitglieder aus Familienmitgliedschaft kommen. Gut 12 000 Mitglieder haben wir in der Jugendgeneration und liegen damit statistisch bei insgesamt 120 000 Mitgliedern sehr gut und sicher noch besser mit unseren Aktionen der Schwäbischen Albvereinsjugend, denn sonst würden Exkursions-, Volkstanz- und Volksmusikangebote nicht in diesem Ausmaß angenommen! Bei uns können Kinder Segeln und Picknick mit Freunden halten; sie können aber auch schlicht und einfach die Natur, die Naturzusammenhänge kennen- und schätzen lernen, lernen, wie wichtig es ist, für uns alle die Natur zu schonen, zu schützen.

Es „lohnt" sich auch sonst, im Schwäbischen Albverein zu sein. Denn es gibt für Mitglieder preisgünstige Übernachtungen und vielfache Aktionsvorschläge für Familien. Nähere Informationen geben wir Ihnen gern auf Ihre gezielte Anfrage und schicken Ihnen Informationen über unseren Verein zu, Informationen zum Wandern in der Gruppe, auch zum Wandern allein in Gottes freier Natur, der Schöpfung, die wir schätzen.

Ihr Dieter Klapschuweit, Hauptgeschäftsführer

Schwäbischer Albverein e.V., Hospitalstraße 21 B, 70174 Stuttgart
Mitglied im Landesnaturschutzverband und
im Verband Deutscher Gebirgs- und Wandervereine
Telefon 07 11/2 25 85-12; Telefax 07 11/2 25 85-93

Streifzüge durch Stadt und Land

Mit Kindern rund ums Hohenloher Land
Birgit Mayer
Unterwegs zu Burgen, Schlössern und Museen
Fleischhauer & Spohn

120 Seiten, 28 Schwarzweißfotos

Für Familien mit Kindern gibt es im Hohenloher Land viel zu erwandern und zu erleben. Ob bei der Fossiliensuche rund um Kirchberg, einem Besuch auf dem Schweinemarkt in Blaufelden oder im Freilandmuseum von Wackershofen – der Ausflug bleibt für alle ein unvergeßliches Erlebnis.

Mit Kindern im Schwäbischen Wald
Renate Florl
Groß und klein auf Entdeckungstour
Fleischhauer & Spohn

152 Seiten, 30 Schwarzweißfotos, 24 Kartenskizzen

Durch seine Fülle an Angeboten bietet der Schwäbische Wald viele Möglichkeiten der Freizeitgestaltung. Da sind die Klingen mit ihren geheimnisumwitterten Felsgrotten und Wasserfällen, die vielen Bäche mit ihren Mühlen und Mühlrädern, der römische Limes mit Nachbildungen von Wachtürmen, sowie Burgen, Aussichtstürme, Historische Dampfzuglinien und nicht zu vergessen die vielen Spiel- und Grillplätze, die zu ausgedehnten Rastpausen einladen. Wofür Sie sich auch entscheiden, der Schwäbische Wald wird Sie und Ihre Kinder in seinen Bann schlagen.

126

Streifzüge durch Stadt und Land

Gertrud Braune – Mit Kindern unterwegs
Erlebniswanderungen in Baden-Württemberg
Fleischhauer & Spohn

130 Seiten, 47 Schwarzweißfotos

Kinder brauchen Abenteuer. Auf spannenden Streifzügen durch Baden-Württemberg werden viele Fragen beantwortet, so zum Beispiel, wer einmal diese Burg bewohnt und wer sie zerstört hat, ob der „Schwäbische Vulkan" noch Feuer speit und vieles mehr.

Gertrud Braune – Mit der FamilienTageskarte unterwegs
30 Wanderungen ohne Auto im Großraum Stuttgart
Fleischhauer & Spohn

109 Seiten, 37 Schwarzweißfotos, 30 Kartenskizzen

Wandern heißt für unsere Autorin nicht nur die Füße bewegen, sondern Neues kennenlernen, in der Natur und aus der Heimatgeschichte. In ihrem vierten Buch hat sie besonders an Familien gedacht, denn alle Ziele im Großraum Stuttgart lassen sich mit der Familien-Tageskarte des VVS zum Spartarif erreichen – und dazu umweltschonend!

Erlebniswanderungen für die ganze Familie

Mit Kindern rund um Stuttgart
Birgit Mayer
Wandern, radeln, forschen und besichtigen
Fleischhauer & Spohn

132 Seiten, 30 Schwarzweißfotos

Es gibt vieles zu sehen, zu erleben, zu wandern und zu radeln, in und rund um Stuttgart. Tips für Ausflüge mit Kindern zu jeder Jahreszeit und bei jedem Wetter, mit Hinweisen auf Einkehr-, Grill- und Spielmöglichkeiten garantieren einen gelungenen Ausflug.

Mit Kindern im Nordschwarzwald
Birgit Mayer
Auf den Spuren von Flößern, Waldbauern und Rittersleuten
Fleischhauer & Spohn

112 Seiten, 40 Schwarzweißfotos

Familien mit Kindern finden in 25 Kapiteln Vorschläge für Wanderungen auf den Spuren von Flößern, Waldbauern und Rittersleuten im Nordschwarzwald. Die Sehenswürdigkeiten werden kurz geschildert, aber auch Rastplätze mit Feuerstellen, Einkehrmöglichkeiten und Kinderspielplätze werden erwähnt.

Erlebniswanderungen für die ganze Familie

Birgit Mayer
Unterwegs in Stadt und Land
Mit jung und alt durch Württemberg
Fleischhauer & Spohn

Es gilt, Württemberg zu entdecken, sei es beim Besuch des Keltenfürsten in Hochdorf, beim Wandern zu Zeugnissen der Römer oder auf den Spuren von Dichtern und Denkern. Unabhängig vom Alter wird sicherlich jeder der 24 Ausflüge zu einem rundum schönen Erlebnis.

120 Seiten, 29 Schwarzweißfotos

Birgit Mayer
Mit Kindern im Südschwarzwald
Unterwegs zu Bergen, Seen, Schluchten und Museen
Fleischhauer & Spohn

Ein Ausflug ins Sagenreich der Erdmännlein oder eine Fahrt im Bummelzug sind nur zwei von 23 aufregenden Abenteuern, die im Südschwarzwald auf unternehmungslustige Familien warten. Viel Spaß bei der Entdeckungsreise.

132 Seiten, 31 Schwarzweißfotos

Ideen und Tips für Ausflüge und Tagesfahrten

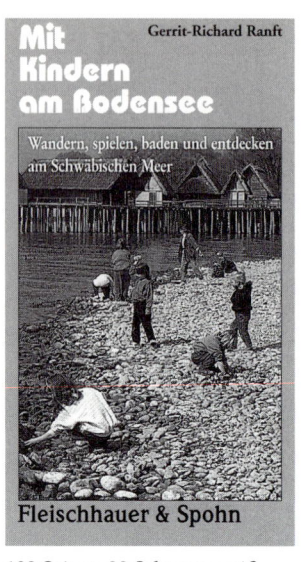

Mit Kindern am Bodensee
Gerrit-Richard Ranft
Wandern, spielen, baden und entdecken am Schwäbischen Meer
Fleischhauer & Spohn

Wasser war schon immer ein Element, das Kinder begeistert. Eine Schiffahrt auf die Blumeninsel Mainau oder die Insel Reichenau ist für alle ein Erlebnis, der Schloßgeist von Meersburg spukt regelmäßig bei allen Kinder-führungen, und die mehr als 200 Berberaffen im Freigehege von Salem freuen sich über jeden Besucher.

132 Seiten, 29 Schwarzweißfotos

Mit Kindern in Ulm und Neu-Ulm
Gerrit-Richard Ranft
32 Ausflugstips mit Bus und Straßenbahn
Fleischhauer & Spohn

Innerhalb und außerhalb der Ulmer und Neu-Ulmer Stadtmauern gibt es für Familien viel zu entdecken: man erfährt, wie es dem Schneider von Ulm erging und daß Mammutbäume nicht nur in Nordamerika, sondern auch im Ulmer Stadtwald anzutreffen sind. Sämtliche Ausflugsziele sind bequem mit Bus oder Straßenbahn zu erreichen.

132 Seiten, 25 Schwarzweißfotos

Ideen und Tips für Ausflüge und Tagesfahrten

Heinz R. Wittner
Mit Kindern in der Pfalz
Erlebnisausflüge über und unter Tage
Fleischhauer & Spohn

108 Seiten, 29 Schwarzweißfotos

„Spaß für und mit Kindern", das ist das Motto des Autors, der selbst Kinder hat und im Pfälzerwald-Verein aktiv ist. Bei insgesamt 26 Ausflügen wird die Geschichte der Pfalz lebendig. Sie sehen, wie die Römer kelterten und Steine brachen. Sie besteigen Burgen, wandern zu markanten Felsen oder fahren mit der Grubenbahn in ein Kalkbergwerk.

Reinhard Müller und Horst Ruhl
Mit Kindern im Fichtelgebirge
Wo Wandern zum Erlebnis wird
Fleischhauer & Spohn

132 Seiten, 34 Schwarzweißfotos

Unsere Autoren, seit Jahren als Wanderwarte im Fichtelgebirgs-Verein engagiert, wissen aus Erfahrung, was sowohl Kinder als auch Erwachsene begeistert: der Wackelstein zum Beispiel, ein Felsriese, den selbst Kinderhände mühelos bewegen können oder eine rasante Fahrt mit der Sommerrodelbahn und vieles mehr.

Mit Kindern entdecken

120 Seiten, 42 Zeichnungen, 17 Kartenskizzen

Edmund Kühnel führt Familien in dieser neuartigen Mischung aus Wanderführer und Sachbuch zu *„Burgruinen der Schwäbischen Alb"* mit all ihren Geschichten und Geheimnissen. Spaziergänge, Ausflüge und Wanderungen zu 22 Ruinen versprechen abwechslungsreiche Tage für jung und alt.

„Die Ritter und ihre Zeit" – Alltagsleben im Mittelalter für Kinder aufbereitet, dieser Sachbuchteil ist ideal für die Vorbereitung oder Nachbearbeitung eines Ausflugs mit neugierigen Kindern (und Eltern).

„Die Rucksackküche" schließlich verspricht leckere Mahlzeiten rund um das Lagerfeuer an einer der besuchten Feuerstellen. Praktische Tips und Rezepte als Alternative zur „Roten Wurst" runden den Sachbuchteil ab.

Weitere Bände der Reihe
Mit Kindern entdecken
sind in Vorbereitung.